YOGA Shining Light on Ha-Tha

ハタ照らすヨーガ

Yoshi
MySOUL8 Yoga School
Founder & Director

PREFACE
まえがき

今日も熱心に教室に集まって来る生徒さんたちが大勢います。

生徒さんたちの中には、10年以上通い続けている方、毎日のように練習をしている方、ちょっと久しぶりの方、何年かぶりに顔を出された方、初めてクラスに参加される方などなど様々です。

自分も含めて色々な人たちが、「今までの練習をシェアしあったり、今日の学びを確認しあったり、これからの練習を夢みることができるような場所を作ろう！　安心して学べる空間を作ろう！」という想いのもと、２００６年に「MySOUL8 Yoga School」を開校しました。

生徒の皆さんは受付のスペースで練習について語っていたり、スタジオに入るまでの通路で語り合ったりしています。

更衣室も広いスペースを持つように設計を依頼したのは、クラスの感想やヨーガの教えをお互いにシェアできるようにと願ったからです。

ヨーガスクールの開校以来、私はのべ６０００を越えるクラスを指導し、参加者の皆さんがクラス後にシェアしてきたことに対してずっと耳を傾けてきました。

その感想は、自分が期待したこと以上のものもあれば、期待通りのリアクションの時もあり、あまり伝わらないクラスをしたんだろうな……という時もありました。

そのような環境で、皆さんが練習している様子やクラス後に話しているのを観たり聞いたりしてきて、あることに気づいたのです。

生徒さん自身が、自らのインスピレーションを通じて練習をした時にこそ、その練習が特に素晴らしいものへと高まっていくということに。

このことに気づいたのは、とても大きな発見でした。

健康活動として、美容やダイエットの一環として、セラピーとして、心との対話レベルを上げるものとして、精神的修練として、瞑想の準備として、ヨーガの練習をどのような理由でやったとしても、自分のインスピレーションとともに練習することが大事であるということです。

例えて言うなら、「自分自身が幸せになる!」という意識を持って自分の練習と向き合うことが、素晴らしい練習方法となるわけです。

自分自身を納得させるためのインスピレーションの受け皿を、スクールという場をつくることで、まとめられたのは大きな喜びです。

これまでヨーガの素晴らしさを何となく感じていた方にとっては、この本に書かれた内容を読めば、水を得た魚のようにスラスラとその知恵が自分の中に流れこんでいくと思います。

その知恵が受け皿となり、インスピレーションを得た状態でこそ、ハタヨーガという技術がさらに効果的になり、日々の生活の輝きを増していくことになるでしょう。

MySOUL8 Yoga School
Founder & Director,
あるヨギ Yoshi

CONTENTS
目次

第2章　ヨーガで登場するマインドとはどういうものか？　45

第3章　マインドが暴れることによる不調とは？　79

第4章　ヨーガのプラクティスとは？　101

CONTENTS

第7章 ヨーガのプラクティス その3 179

第8章 イーシュヴァラについて 203

CONTENTS

「ヨーガ」という概念の超越

ヨーガ（YOGA）という言葉が一般的になってきたことを日々感じています。

慣れない「言葉」を聞いたり、慣れない「状況」を見たりすると、我々は自分がもともと持っている知識を探って、なんとなく近い概念（イメージ）を作りだし、それを理解しようとします。そして、なんとなくそれを分かったような気になって理解をするのです。それが何か偶然にも正しくわかったとしても、理解するまで至ってなければ、一部分を正しく知っているだけでわかってないことになるでしょう。さらに問題なのは、わかってないのにわかった気になってしまうことです。間違って理解してしまう場合は、それが障害となって我々を『煩悩』の渦に引きずりこみ、苦しみを生みだすことがあるのです。

ヨーガの先生たちが昔から使う例え話として有名なものに、「薄暗い夜道で蛇に遭遇してビックリする話」があります。

ある人が薄暗い夜道を歩いていた時に遭遇したのは、蛇ではなく長いロープだったというわけです。

・薄暗い環境
・夜道の怖い雰囲気

これらの環境下で細長いひも状の物体を見て、頭の中の知識は「蛇」という概念（イメージ）を取り出したわけです。それと同時にそのイメージは、結果的には不必要な『煩悩』が「恐怖」という感情を持ちだし、怖くて〝道を通れない〟という障害をもたらしてしまうかもしれません。

道に落ちている長いロープを蛇と思って「恐怖」するのだから、ある意味滑稽なのですが、「間違った情報」（細長いひも状のなにか）を「正しい」（そこに蛇がいる）と理解してしまっていたというのは事実です。

冒頭から何やら難しいことを話しているように感じるかもしれません。

では具体的に皆さんは「ヨーガ」という言葉を聞いてどんなことをイメージするでしょうか？

「ヨーガ」という言葉。
もうすでに一般的になった「ヨーガ」という言葉。
この言葉から皆さんはどんなイメージが浮かんでくるでしょうか？

〝「ヨーガ」から浮かぶイメージは何？〟という質問をヨガインストラクターに興味がある方々に10年以上も繰り返して訊いていると、昔と比べて随分と返答が変わってきているのを感じます。

それこそ10年前までは、その問いかけに対しては「ポーズ」という返答が大半でしたが、最近ではそこから変化を遂げています。

本書は、既に「ヨーガ」という概念を何かしら持った全ての人々に対し、彼らが持つその概念（イメージ）を変えるために書き上げました。
この世界には、「ヨーガ」という言葉の概念（イメージ）を利用して商売をする人々もいます。

「ヨーガ」という概念（イメージ）から自分の存在を輝かそうと努力する人もいます。「ヨーガ」という概念（イメージ）から自分の空想や妄想に浸る人もいます。

今、皆さんが手にしている「ヨーガ」という概念（イメージ）を捨て去り、それを超えてヨーガをすることにより、毎日の生活で抱える苦痛を飛び越え、頑張って生きる活力を得て欲しいと心から願っています。

経典『ヨーガ・スートラ』の理論（おしえ）

しかし、それはどうしたら実現できるのでしょうか？

残念ながら、本を読むだけでは何も変わりません。ヨーガで登場するポーズをただひたすら実践しても変わりません。

私は、「理論」（セオリー）とともにヨーガの練習をして、初めて実りある豊かな生活を実現できる」のだと断言します。

「なぜ、これほど大事だと知りながら、大勢の人が『ヨーガ・スートラ』という理論（セオリー）の素となる経典を読まないのだろう？」という疑問を長年抱いていました。ヨーガを伝える教育の場としてスタジオ（『MySOUL8』）を立ち上げ、日々その疑問と向き合いながら、気がつけば10年以上が経過していたのです……。

私は名古屋でヨーガを伝える指導者をしています。指導者といっても特別なことをするわけではなく、60分～90分のレッスンでヨーガを教えているだけです。

生徒さんは、名古屋市近郊に住む主婦やビジネスパーソンから、運動不足で不調を感じている方、バスケットボールやランニングなどの運動の影響で痛みや怪我を抱えている方、ダンスやフィットネスインストラクターの方までさまざまです。

最近では、ヨーガを指導しているという方も指導方法などを学びに参加していただけるようになりました。その方々に普段からどのようなヨーガを指導しているかを尋ねてみると、多くの方が「ハタヨーガです」と答えます。

しかし、「どのような「おしえ」をもとにハタヨーガを指導しているのですか?」と訊くと、ほとんどの方が「分かりません」と返答するのです。

「『ヨーガ・スートラ』からの「おしえ」ではないのですか?」と、さらに尋ねると、「過去に読もうと取り組んだ事があるのですが、難しくて断念しました……」と答える方が多いことに気づきました。

生真面目であり几帳面な性格の人に限って、ひとつわからない部分があると、「それが許せない→わからないのが気になる→諦める=読まなくなる」という負の法則があるのではないかと疑うようにさえなったほどです。

しかし、ある時に思いつきました。読み手(聞き手)の努力が足りなかったり、読解力(理解力)が乏しかったりするのではなく、やはり伝える人間(ヨーガの先生)の「人間力」(伝達力)

に問題があり、自分の伝え方（コミュニケーション能力）がまだまだ甘いのだということに……。

そのように自分に厳しく言い聞かせ、伝える技術を向上させてきたつもりです。

新たな時代の『ヨーガ・スートラ』

『ヨーガ・スートラ』の難しさは、読解力だけでない所にもあります。身体を鍛えるだけでなく、心も鍛えるという、心身の鍛錬を積むという経験（実体験）から、読むことでこそ理解できる部分もあるのです。

しかし、『ヨーガ・スートラ』について語るとき、「私はそのようなヨーガの極みに到達することを目標としていません！」「私には悟りなんて必要ありません」という方もいらっしゃいます。「悟り」とは、まさにオリンピックのメダリストのような運動を極めた経験と、彼らが見えているプロの世界観を理解しようとするようなものに見えるのでしょう。

そのような極めは求めていないということなのでしょう。オリンピックのメダルを手にするような恵まれた身体能力を有していないので、メダリストのような極みの世界観は自分には見ることができないと思ってしまうように、ヨーガの極みの世界観も無理だと思うのかもしれません。

安心してください。

たとえば、オリンピックのメダリストが、彼らのような身体能力のある人だけに理解できるような表現で本を書いたとしたら、それが難しいのは当然です。しかし、メダルを取ったことない人でも、何かを頑張って成就させ、成功した経験はあるはずなのです。

そのような「成功体験」（小さなメダルを手に入れた体験）による類似体験などから、何かの真髄を理解することは可能なのです。

そのようなことを考えている時、あることに気づきました。多くの『ヨーガ・スートラ』を伝える人は、「『ヨーガ・スートラ』の根本を理解している人である」という観点から、すべてを語っていたのだと！（もちろん、自分も含めてですが……）

ヨーガの世界観がない人々の「立場」にとことんまで立って説明しようとしていくと、『ヨーガ・スートラ』の解説本は、まったく新しい伝え方をした一冊となりました。さらに、オリンピックのメダリストのような身体能力はまったく必要としません。

多くの人々が、『ヨーガ・スートラ』を読むのを諦めた」「持っているけど読んでいない」と軒並み発言するのは当たり前のことです。古代に生まれた本を、まるで現代の本のように最初から1ページずつ順を追って理解していくことの方がおかしいのです。

現代にあった読み方で、『ヨーガ・スートラ』の理解」と「ヨーガの実践」がさながら2つの車輪のように回り始めて前へ前へと進めるように、皆さんのヨーガの練習が深まるようにと、思いを込めて本書を書き綴りました。

長年に渡ってヨーガの「教え」を、レッスンという形で指導しながら仕えてきたことを、この本にまとめることができたと自負しております。

この本のタイトルは当初、『ハタヨーガに光を照らす』というものでした。それは、数あるハタヨーガの技術を整理し、根本経典である『ヨーガ・スートラ』のおしえとともに、インスピレーションという光を練習に照らして欲しいという願いから命名したものだったのです。

私自身がヨーガの実践と理解によって、暗闇より光を見いだすことができたという経験から、少しでも多くの方が、どのような先生から習っても素晴らしいプラクティスができるようにとの願いを込めてます。

ある意味で、大胆な発想や意訳、それに付随する表現も含まれています。それでも、勇気を持って出版物として形に残すことを選びました。

ヨーガスタジオ、カルチャーセンター、フィットネスジムなどのすべてのヨーガクラスの中に、少しでも『ヨーガ・スートラ』のエッセンスが降り注ぎ、多くの生徒さんたちにそのギフトが配られることを祈って……。

ひとりひとりが自立し、自由意思を持って生活すること。それこそが、素晴らしい家族、コミュニティ、社会をつくりだし、さらに壮大な世界平和を実現するひとつの答えだと信じ、この本を世に示します。

さあ！　ヨーガを始めましょう！

第1章 さぁ！ ヨーガをやってみよう！

これほどヨーガが認知された時代は、
かつてあったでしょうか？

多くの人がヨーガをやってみたいと思い、
実際にはじめています。

経典『ヨーガ・スートラ』を指南書として
ヨーガをはじめるにあたり、
重要なことを知ってほしいです。

それはこの世界を構成するものを
感じることに端を発しているのです。

ヨーガの経典『ヨーガ・スートラ』

「さぁ！　ヨーガの練習をやってみよう！」

そう思った時、あなたなら何をしますか？

ヨーガの専門誌や本を開いて、そこに紹介されているポーズを見様見真似でやってみるという方もいるかもしれません。そして実際にやってみると、「身体が伸びて気持ちいいな～」となったり、「自分は身体が硬いな～」と実感したりするでしょう。

それを毎日繰り返していくうちに、ある時、こんな疑問が浮上してくるはずです。

「これがヨーガなのだとしたら、ストレッチと何が違うのだろう？」

そう、これはとても良い疑問なのです。それゆえ、「実践した先に何があるか今はわからないけれど、ちゃんとしたヨーガの指南書とともにヨーガの練習をやってみようかな」と思われるのは、自然な流れと言えるでしょう。

私は名古屋でヨーガに特化したスタジオ「MySOUL8 Yoga School」を開校し、毎週継続してヨーガの指導を続けることを大事にしてきました。

その指導の中では、「パタンジャリ師が記したヨーガの経典『ヨーガ・スートラ』の教えによると～」という言葉がいつも響きわたっています。

すべての行為は「どのようにしていくか？」という手順（プロセス）が特に大事ですが、ハタヨーガではそれが特に大事にされてきました。

その「おこない」である練習は、どのような手順（プロセス）であっても基本的には自由ですが、このプロセスを経て結果としてこのような状況が生まれ、更に次のプロセスを経てまた新しい状態があり……とヨーガの経典は導いてくれるので、道がそれることなくハタヨーガの道を進んでいけるのです。

道なきヨーガの練習ほど寂しいものはありません。このプロセスからまた次のプロセスへと進んでいく過程で、体力がついたり柔軟性を取り戻したり、不安や苦しみから解放されるような自信と自由を手にするような様々なギフトがあるのです。

練習をする方は、ヨーガにどのようなギフトを求めているのでしょうか？

何かしらの指南書とともに「ヨーガをしてみよう！」と自然に思ったならば、本来その指南書は『ヨーガ・スートラ』であるはずなのです。「良いな」と無意識に望んでしまうものの遥か先にある「教え」こそ、『ヨーガ・スートラ』であるからです。

その経典本を開いてみると、あなたは「ヨーガ・スートラ1章1節」を最初に読むことになるでしょう。

さあ、ヨーガで閉じてしまった心のフタを全開にしよう！

『ヨーガ・スートラ』
1章1節
（一部より抜粋）

「心？」「閉じた心？」「心のフタ？」

突然に登場するこれらの言葉に戸惑ってしまう方もいるかもしれません。

ヨーガの練習をして、「手足や身体を伸ばしたことで、身体を開いた感じはあるかもしれないけど、果たして〝心〟がそこに関係するのですか？」と思われる方もいるかもしれません。

２千年以上前にこの世界にいたとされ、『ヨーガ・スートラ』を伝えはじめたと言われる聖者・パタンジャリ師が使うヨーガとは、どういった意味を指しているのでしょうか？

それを理解するためにも、当時の世界における「心」とはどんなものであったかも合わせて考えていく必要があります。

最初に皆さんに提示する世界観として、自分にとって身近で分かりやすいものから扱っていくことにしましょう。いきなり「悟り」「平和」「感謝」など、壮大かつ抽象的な言葉について扱っても曖昧なものになるだけです。とは言っても、小説でも映画でも登場人物を知る前のイントロダクションはそれなりに長いものなのでお付き合いください。

「心」を取り巻く環境に登場する者たちは、たくさんいるのです。

「より自然を感じるために外に出てみましょう！」

「プラーナ」はこの世界を構成する

まずは外に出て開放感を感じながら、周りを見渡してみましょう。世界を見渡すと色々なものが目に入ってきます。空を見上げると太陽や雲があり、周囲には建物が建ち並んでいます。建築物は当然ながら地面の上に建てられています。そして、その地面には自分と同じように人々が立っていたり、歩いていたりするでしょう。

この世界の中で、人々や物事はお互いに影響を受け合いながら生活をしています。ヨーガの世界観でまず重要なポイントは、この影響し合う力の存在について知ることです。

多くの人に囲まれていても、孤独を感じて生活している人もいるかもしれません。孤独を感じている人であっても、本当は独りではなく、他の人の気配（存在）があるからこそ孤独を感じれるのです。また、「人の悪口は千里を走る」と言われたりして、人々の中でも何か動きながら影響する力があったりします。

これらの影響する力を「プラーナ」と呼びます。

我々のいる世界はすべてこのプラーナでできています。目に見える物質的な物だけでなく、先ほどの例で登場したような目に見えない思いや感情なども、すべてプラーナなのです。

まずはこのプラーナ（エネルギー）の様々な種類を明らかにしていきましょう。

ヨーガで登場するその影響する力（エネルギー）には、３つの異なるものがあります。先ほどの悪口のようにネガティブな影響力を持つものは「タマス」と呼ばれます。

日本も含めてアジアの基本思想は陰陽思想です。これは、「陰」と「陽」のエネルギーバランスで世界は成り立っているという考え方ですね。この陰陽思想は、どちらかと言えば中華思想という印象の方も多いかもしれませんが、同じアジア圏であるインドにおいても古代から存在してきた考えで、この「陰」についての呼称が「タマス」となります。

そして、「陽」については「ラジャス」と呼びます。さらに陰陽のバランスが取れた状態にも呼び名があり、これは「サットバ」と呼ばれています。世界に存在するありとあらゆる物や事柄は、「ラジャス」のエネルギーと「タマス」のエネルギーと「サットバ」のエネルギー、これらのバランスによって成り立っているのです。

色が有する「エネルギー」からこのことを理解しても良いかもしれません。たとえば、エネルギッシュな赤は活性をつかさどる「ラジャス」の色でしょう。混沌として固まっていてネガティブなエネルギーである黒は「タマス」の色です。そして、バランスのとれた清涼な聖なるエネルギーは白で「サットバ」の色です。

このように書くと、「タマス＝悪／サットバ＝良」と思ってしまう方もいらっしゃるかもしれません。しかし、この３つのエネルギー（三性質：トリグナ）は、状態（グナ）のことを表しているので、良し悪しは関係がありません。

それを水で例えると分かりやすくなります。

固まった水とはすなわち氷のことです。水における「タマス」の状態とは氷なのです。そして、徐々に「ラジャス」の状態のバランスが増えてくると、氷は溶けて活性化された液体として広がり始め、水たまりへと状態は変化します。水たまりの液体は、時間の経過とともに少しずつ気化していきます。最終的には、目に見えない水蒸気となっていくのです。これが水における「サットバ」の状態であると言えるでしょう。同じ「水」といっても周囲の温度や環境による状態で形状を変化させているのです。

外的環境によるこの３つの状態（グナ）に対して、一番大きな影響を与えているものは「太陽」です。日が照り大地のすべてのものを活性化

３つのグナ（三性質：トリグナ）

サットバ：	善徳性	明	知的	調和的	向上
ラジャス：	激動性	熱	妄動的	積極的	束縛
タマス：	怠惰性	暗	無知的	消極的	下落

する時間帯は「ラジャス」な時と言えるでしょう。

暗闇とともにある夜や真夜中は「タマス」の時間帯です。聖なる時間帯としてあるのは、日の入りと日の出時刻の前後1時間と言われ、早朝の2時間と夕方の2時間が「サットバ」な時間帯となります。この「ラジャス」「タマス」「サットバ」が人々の生活にもたらす影響力は絶大です。

『ヨーガ・スートラ』1章1節において、「さあ！ ヨーガで閉じてしまった心のフタを全開にしよう！」というメッセージがありました。

多くの人が、歯を食いしばって頑張っています。

多くの人が、嫌な顔を見せずに頑張っています。

多くの人が、嫌な事は忘れて頑張っています。

多くの人が、お酒を飲まないと寝つけないほど頑張っています。

多くの人が、心にフタをして頑張っているのです。

『ヨーガ・スートラ』の最初のメッセージは、心にしてしまったフタを解放して世界を見渡してみましょう！　その第一歩として3つのグナのバランスで世界が成り立っているのを見渡してみましょう！　ということです。

このように表現すると、「心？」「心のフタ？」「心のフタを開く？」「心のフタを開いて世界を見る？」「心のフタ閉じた状態で世界を見る？」と様々な疑問が、まだまだ湧き上がってくるでしょう。

様々な状態（グナ）がもたらすもの

「我々はどのような世界に生きているのか？」という問いかけは少し大袈裟ですが、閉ざした

（フタをした）心で見ている世界は実はかなり歪んでいます。

我々の生活する社会（友人関係、家族、職場、学校など）を見渡してみて、そこにラジャスな人間関係はあるでしょうか？　皆が積極的であったり、熱心で、異様なくらい熱狂的だったり、時には盲目なほどに夢見て活動している人はいるでしょうか？

ちょっと疲れて怠惰で活動することに消極的で、タマスな状態（グナ）にいる人はいるでしょうか？

やってみよう！PART1

周りで起こる出来事を3つのグナの割合で照らし合わせてみましょう。

自分の周りで起きている出来事を見渡してみましょう！ラジャス（または、タマス）な状態（グナ）が強い、人・状況・出来事などを見つけてみましょう！

どうでしたか？ タマスとラジャスが入り混じっている状況に出くわすかもしれません。周囲を見渡すと、「ラジャス」「タマス」「サットバ」の3つのグナが入り混じって存在していることに気づくはずです。

この様々な状態（グナ）の影響により、無意識に自分の心を塞いでしまったり、心が折れてしまったり、またはハイテンションになったりと色々な状況が生まれているのです。すなわち、周囲の状態（グナ）がもたらす影響によって、自分の心が様々な状態（グナ）になってしまっている場合があるというわけです。

我々を取り巻く世界、環境、社会などを知ることも、どのグナが多くを支配しているのかを感じることも大事な要素です。

その世界はどのようなもので構成されているでしょう？「タマス」「ラジャス」「サットバ」という3つのグナの割合が創り出す、パタンジャリ師が語る世界を少しずつ紹介することにしましょう！

ただ、世界や社会というキーワードは漠然としていて曖昧なので（聞こえは良いですが）、ヨーガスタジオという場所で起こることに限定してみましょう。

ハタヨーガの技法の1つであるポーズの練習は、身体の調和を理想とし、本来は「ラジャス」と「タマス」のバランスが取れた「サットバ」なものとされています。

しかし、練習する人によっては、「よりハードなポーズを！」「よりポーズを華麗に綺麗にしたい！」と、「ラジャス」に寄った練習をされている方もいるかもしれません。または、「あまり動きたくない……」「楽なポーズでいたい……」という怠けがちなマインドな状態とともに、「タマス」な状態の人もいるかもしれません。

時間帯でも、日の出とともにある「サットバ」な早朝レッスンや、「ラジャス」の要素が強い日中のレッスン、日の入りとともにする夕方の「サットバ」なレッスン、夜に行う「タマス」なレッスンなど、それぞれ異なる状態の影響を受けながら多くの方々が練習をしているのです。

このように、すべての人々は3つのグナ（トリグナ）の影響が入り混じった世界で生きているのです。

「飛び回る猿のような心」とは

ヨーガを通じて飛び回る猿のような自分の心に気づこう！

『ヨーガ・スートラ』
１章２節
（一部より抜粋）

パタンジャリ師が語るヨーガとは、まさにここで引用された言葉を指していると教えてくれています。

マインド（心）やヨーガという言葉の意味については、長い歴史の中で数多くの解釈が存在し、世界中のあらゆる場所で語られてきました。パタンジャリ師の語るヨーガの世界観では、マインド（心）の事を「チッタ」（chitta）と呼んでいます。

このチッタについては、多くのヨーガの指導者が「暴れ馬」とか「飛びまわる猿」と表現しています。

例えば、「あの発表会の直前の自分の緊張具合といったら、自分の心は落ち着いていられない、まさに暴れ馬のようだった……」という具合に。または、「試験の結果が発表される前夜はマインドが落ち着かず、確かに飛びまわる猿のように良い結果だろうか？　悪い結果だったらどうしようか？　と落ち着きがない状態だった……」など。

このように説明すると、「確かにマインドというものは、目まぐるしく飛びまわる時もあるかもしれない」と思う人もいるかもしれなせん。

しかし、その認識は実は違います！

これは、ある特別な瞬間だけマインドが散漫になり、飛びまわるという意味ではないのです。

パタンジャリ師が語るヨーガの世界観では、マインドとは「絶えずいつも散漫で飛びまわる状態」であると言っているのです。

この時点で取っつきにくいと感じてしまうかもしれませんが、この事実を知らずにヨーガの世界地図を眺めることは、すべてのヨーガの練習を困難なものにしてしまいます。

我々、すべての人々のマインドは、ぼんやりとしている時も、歩いている時も、寝ている時も、いついかなる時でも、落ち着いていると思っている今この瞬間も、木の枝から枝へとジャンプする猿のように飛びまわっているのです。

やってみよう！PART2　3分間だけ静かにしてみましょう

3分間は、あなたにとって長い時間と感じるでしょうか？　それとも、たった3分！　と思うのでしょうか？

3分間だけ呼吸を感じてみましょう。鼻先から、空気がゆっくり流れ込んで行く流れを最初に感じ、次に鼻の奥底から空気が流れ出て行く感覚だけを3分間感じてみましょう！　アラームをセットし、楽な姿勢を取り（椅子に座ってみてもＯＫ）、やってみてください！

意識して「呼吸」を感じる

「呼吸」という、ヨーガでは大事なキーワードが登場したので、ここで少し呼吸に触れてみることにしましょう。

「呼吸」とは、読んで字のごとく呼と吸という2つの文字から成り立っているように、「吐く」と「吸う」という行為を合わせたものです。行為という意味で「呼吸」についての細かい説明は6章においてじっくりさせていただきます。その前に理解しておいていただきたいことは、呼吸について考えるときの大事な要素として、「我々は日常生活の中で無意識に呼吸をしている」という点です。

先ほど紹介した「やってみよう！　PART2」で、普段は無意識にしている呼吸の「吸う」と「吐く」、空気が入り流れ出て行く感覚を意識してみた結果はどうでしたか？　3分間に渡ってしっかりと意識できましたか？　もしかしたら、すぐに他の事が気になり始めた人もいるかもしれません。鼻先の吸うと吐くの呼吸を意識していたはずなのに、他の身体の部位がムズムズと気になりはじめた人もいるかもしれません。

そして、気がつくと……。自分が「吸う呼吸を感じているのか？」、それとも「吐く呼吸を感じているのか？」、それすらわからなくなっている人が大半だと思います。わからなくなっているということは、鼻先への感覚に意識が向けられていないということです。

どうしてなのでしょう？

それは、感覚よりもマインドが動く（飛び回る）力の方が強いからです。中には、「私はあれこれ考えてなどいませんでした！」と言われる方もいます。または「気分が静かになって無になっていたのでは？」と言われる方もいます。

残念ながらそれは違うのです！　先ほど記した通り、すべての人々のマインドは、落ち着き平静であると思っている今この瞬間ですら、猿のように飛びまわっているのです。

ヒンドゥー教の聖典のひとつである『バガヴァッド・ギーター』にも、「マインドの性質は頼りがたく、揺らぎやすいものである。いついかなる時も動いていて、あちらこちらに彷徨っているもの」だと説明があります。（『バガヴァット・ギーター』6章26節）

呼吸を意識して感じてみたけれど、マインドが猿のように飛びまわることで呼吸の感覚が無意識に戻っていった。それは逆説的に考えれば、マインドが動いたという証明であり、呼吸に全然意識を向けることができない日は、マインドが特に元気に（散漫に）動いているということに気づくということです。

マインドにも、意識が散漫になって集中できない活動的な「ラジャス」な状態や、鈍くてぼーっとしてしまいそうな不活性の「タマス」な状態など、その時その時で異なる状態（グナ）

があるということです。ということは、「サットバ」な状態もあるということです。たとえどんな状態（グナ）であれ、現時点における自分のマインドの状態（グナ）を知ることからヨーガは始まるのです。

心がなんであるかがわかった時、その時、自分が誰であるか分かる。

『ヨーガ・スートラ』
１章３節
（一部より抜粋）

パタンジャリ師の『ヨーガ・スートラ』にも、このように記載されています。すなわち、マインドの状態を知ることからヨーガは始まるということ。これはシンプルなようでいて、とても大事な一歩です。

マインドそのものに意識を向けられていないことが、現代社会に生きる人々の最たる特徴です。マインドの動き（揺らぎ）というものの存在を意識するだけでヨーガの練習は変わります。

そもそも「マインドとは何か？」を知る意味がそもそもあるのでしょうか？　そして、それがなぜ自分を知ることにつながるのでしょうか？　次の章では、その点からはじめてみたいと思います。

第2章 ヨーガで登場するマインドとはどういうものなのか？

前章に登場した「マインド」について、
私たちはさらに知る必要があります。

身体を使っておこなうヨーガの練習と
マインドにはどのような関連性があるのか。

マインドの重要性はどのようなものか。

「飛び回る猿のようなマインド」とは
一体何を意味しているのか。

「ボディ」「マインド」「ソウル」は
それぞれどんな違いがあるのでしょうか。

それを解き明かしていきます。

暴れる「マインド」を知ろう

イントロダクションと第1章では、我々の周りの環境は全て3つの状態（グナ）のバランスで成り立っているという話をお伝えしました。そのグナのバランスに繋がり影響を受けているマインドは、いつも枝から枝へと飛びかう猿のように動きまわっています、という内容も。

ヨーガの経典『ヨーガ・スートラ』1章2節に記された、「自分の中で暴れるマインドを知ることが自分自身を知ることになる」とは、一体どういうことなのでしょうか？

この章では、さらにマインドについて詳しく解説し、その答えに迫っていきたいと思います。

皆さんは1点重要な問題に直面していることに気づいているでしょうか？　この時点までの話と、普段のマットの上でのヨーガの練習とはどういう関係があるのでしょう？

今までの話の中で登場した数々の言葉は、ヨーガスタジオやカルチャースクールのレッスンの中ではほとんど登場しない言葉ではないでしょうか。

ヨーガの練習は、身体を伸ばしたり捻ったり（ツイスト）したり、三角や鳩など何かしら名前のついたポーズをしたりして「身体」を動かすことであり、「マインド」の話をされても何のことなのかわからないし、それが何と関連しているのか話が繋がらないと思っている人もいるのではないでしょうか？

「心」と「身体」は繋がっていると聞いたことがあるので、なんとなく「心」の話が重要になってくるのは理解できるものの、「何がどう繋がっているのか？」「ヨーガの練習とどう関わっているのか？」という点については曖昧な方が多く、ましてや説明できる方はとても少ないのが現状です。

キーワードは「呼吸」

さて、ここまで読んできて、ヨーガの練習を熱心にされている方や鋭い方は、イントロダクションと1章にあったヒントを発見されたかもしれません。

そう、キーワードは「呼吸」です。

頑張って頑張って、それでも上手くいかなかった時に、ついつい「ため息」が出てしまった経験はあるでしょうか？　頑張っていたり、夢中になっていたり、無理をしているという心理状態によって生じた身体の緊張を緩めるため、ため息という形で「呼吸」が使われたのです。

このように、日常的に枝から枝へと飛びかう猿のように飛び跳ねているマインドの状態（グナ）は、身体や呼吸に現れてきます。それは、どのような道筋を経てその結果にたどり着いたのでしょうか？　そこに至るまでのプロセスにこそ、「行為」の真髄があるのです。

そして、その行為を繰り返しながら、我々は生きているのです。

親に生かされ、医療に生かされ、日本という安全なような社会に生かされていると、「マインドにおよぼす暴れ猿の影響」による行為の繰り返しで生きているという実感（リアリティ）を忘れてしまいがちです。本当は生きとし生けるものからその恵みを「手」に入れて我々は生きているわけです。

少し大袈裟に書きましたが、生命を維持するために必要な最低限の食べ物にしても、毎日の生活を楽しくするアイテム（道具）にしても、あなたの「手」を使って自分の所有物にするために運んできます。

我々は、どのようにして物を「手」にするのでしょうか？

何かを手にいれたいと望む時、我々は無意識に「手」を伸ばします。しかし、その時のマインドの状態によって何かを手に入れるという「行為（プロセス）」の方法は変わります。

入手した後の結果によっても、マインドは飛び跳ね、揺れ動きます。そのブレが苦しみを作りだしてしまうのです。

「手に入れる」ということ

例えば、あなたがある車を欲しがっているとしましょう。それを盗むことで手に入れたとしたらどうでしょうか？　もちろんこれは極論です。

欲しい車を「手」に入れるという結果を、あなたは見事にもたらしました。しかし、「盗んだことがバレるんじゃないか？」「盗まれた人は困ったり怒ったりしてないか？」「むしろ恨んでないか？」など、自分のマインドはすさまじく揺れることでしょう。寝ている間にも、マインドは無意識に「タマス」側に揺れて苦しみを作りだすのです。

自分が、どのように、どうやって、欲しいものを「手」にするのか？

このプロセス（行為）が、マインドに大きく影響するということでもあります。欲しいものを手にする時には、実際に「手」を使います（ここで「足」を使う人はいませんよね？）。

手を使うというのは、腕そのものを使っているということです。指、手首、肘、肩を動かして何かを手に入れています。手に入れる際に「結果」だけを重視する人は、どのように「腕」を使ったかという点はもちろん気にしていないでしょう。

たとえば、バーゲンセールの会場を想像してみてください。大勢の人がワゴンにある大量の洋服を前に、自分の欲しい物を探しているとしましょう。あなたも洋服が欲しいと思ってここにやってきました。

その時、あなたはどうするでしょうか？　他の人に取られるよりも早くいいものを欲しいと思い、ワゴンに「手」を差し込み、夢中で衣服を掴み取るはずです。

それがセール会場ではなかったとしても、現代社会では全てが物質の所有欲に左右されています。

〝所有したい〟というマインドの状態には、先ほどの盗むという「タマス」な状態もあれば、バーゲンセール会場のような競争的な「ラジャス」な状態もあり、または、感謝してそれをいただくという「サットバ」な状態もあるのです。

何かを手に入れる「姿勢」がその動作（行為）を作ります。その姿勢こそが、マインドの現れであるといえます。

〈何がなんでも獲るぞ！〉
↓無我夢中で手を伸ばす

〈感謝して、いただきます〉
↓落ち着いた所作で手に取る

同じ「手に入れる」ことの結果だとしても、掌の形や向きも、手首や肘の形も角度も、肩の形も高さも違います。さらに、手や腕の緊張具合も、腕以外の身体全体のこわばりも違ってくるでしょう。

物に対するマインドの姿勢が、無意識に身体の形を姿勢として作り、その時に起こる力みや緊張が身体を硬くしていき、負の連鎖が続いていきます。

１日24時間の生活において、無意識にマインドによって矯正されてしまう身体の姿勢。これを意識的に正しく矯正する練習は、身体がマインドによって悪い影響を受け取ることを防ぎます。さらに、身体の状態を確認することは、マインドの暴れ具合を把握する手助けにもなるでしょう。

「アーサナ」で身体を整える

マインドの影響が行為として行動に特に強く現れるのは、「手」と「足」からの動き、「鼻」から繰り返される呼吸の動き、さらに「口」の動きとしての言葉においてです。

こういった背景からマインドの影響が現れる「身体」を整えるという技が使われるようにな

りました。ここで、全国のヨーガ教室でもよく使われるハタヨーガの代表的な「アーサナ」という技術が登場するのです。

そのように考えると、ポーズやストレッチをすることが最終目的ではなくなります。

ポーズで姿勢を矯正するという意識的な練習によって、日常生活の中で「腕を使う」という無意識な動作に良い影響を与えいき、更には身体全体の仕草や言葉遣いにまで影響するようになります。

ポーズを外見的に綺麗にする必要もありません。ポーズ中だけが大事なのではなく、ポーズに入っていく過程の1つ1つの動きが大切になってくるのです。実は、日本ではこのアーサナの練習と同じようなコンセプトのものが既に存在しています。

「茶道」や「華道」がそうです。できあがりのお茶や花を楽しむのではなく、「茶」ができるという、それまでの過程を楽しみ、それ以上の意識をできあがりへの過程に落とし込めていく……。まさに基本コンセプトは同じなのです。

心がなんであるかがわかった時、その時、自分が誰であるか分かる。

『ヨーガ・スートラ』
１章３節
（一部より抜粋）

『ヨーガ・スートラ』には、「マインドの状態を知ることからヨーガは始まる」とありました。これはシンプルなようで大事な一歩です。マインドそのものにすら意識を向けられていないのが現代社会です。マインドというものの存在を意識するだけでヨーガの練習は変わります。

しかし、分かっているようで分かっていないものなのです。マインドとは何か……、ということを。それがなぜ自分を知ることになるのでしょうか？

ヨーガスタジオなどのレッスンやワークショップを見ていても、登場するのは身体のことばかり。どこが痛いとか、どこが硬いとか……。その話を聞いて、練習生の皆様はその硬い辺りをケアしたり、痛い箇所まわりのこわばりを緩めていったりしてヨーガの練習を積み重ねていく……。それは、よく見かける普通の光景かもしれませんが、マインドの存在が登場していないことが多いです。

真の「自分探し」とは

ここで質問です。あなたがもしも転んで血がでたらどうしますか？傷口を見つけ、砂や汚れを洗い流し、消毒をして絆創膏を貼って手当をするでしょうか？

我々は身体の痛いところや傷口へのケアは、小さいころから親や周りの人から教えられてよく分かっています。しかし、マインドに対するケアはどうでしょう？

自分がどういったことにマインドが傷つきやすく、その時にどういったケアが必要なのかを知っていますか？

仕事で思ったようにことが運ばず、うまくいかなかった時、心は必ず傷ついています。信じていた相手に裏切られてしまった時、心は傷ついています。痛覚があるため、身体の傷には敏感ですぐにケアするのに、マインドのケアに関しては誰も教えてくれません。ケアが必要だという考えすらない人もいます。

心に傷があろうと我慢して放ったらかしにしておけばいいだなんて、あり得ない根性論を語る人もいます。

それでは、ヨーガで登場するマインドとはどういうものなのでしょうか？

自分はこのくらいへっちゃらだから、自分は平気だからと考え、自分のことは後回しで無理して仕事をする……。ひたすら我慢、我慢の連続などなど……。自身のマインドケアをせず、無視して生活することに限界を感じている人も現代には多いのではないでしょうか？

さんざん心を押し殺し、その反動から長期休暇で南の島へ行き、買い物三昧で気晴らししたり、何もしないでぼーっとしたりして、それらを「自分探し」という言葉で片付けても、全てを誤魔化しているだけなのです。

自分はどのようなことでマインドが傷つきやすいのか？　どのような時にマインドを奥にしまいこんで二重三重に偽物の鎧をかぶせて守りたくなるのか？　自分のマインドが何なのか？　それらを知ることこそが本当の意味での「自分探し」なのです。

「ならば、すぐにでも早く本当の自分を知りたい！」と、言う人もいるでしょう……。しかし、それまでの長い習慣の中で包み隠すことに慣れてしまったあなたのマインドは、丸裸にされることを嫌います。個性豊かな自分のマインドの様子を知る前に、「一般的なマインドとは何か？」「ヨーガの世界観で語られるマインドとは何か？」を知る必要があるのです。

「マインド」と「心」の違い

とはいえ、ご安心を。これは、行ったことのない国についての話を聞くだけで把握できてしまうようなことです。もちろん単に聞いているだけではその全貌を把握しきれません。地図を参照しながら、何度も何度も聞いて少しずつ構造が分かってくる類のものです。

「マインドとは何でしょうか？」と聞かれると、ほとんどの人が、「……」と沈黙に陥ってしまいます。日本では「マインド」や「精神性」について教育の中で語ることが、戦後タブーになっているという話もまことしやかに囁かれているくらいです。

日本のヨーガの内容が、ダイエットや美容や健康体操の一種として特化してしまうのも仕方ありません（それが悪いことというわけではないので、批判するつもりはありませんが、本書では扱うヨーガの種類が異なるため話を戻します）。

さて、改めてマインドとは何でしょうか？　先ほど紹介した内容では、「マインドとは、ぼんやりとしている時も、歩いている時も、寝ている時も、いつでも、落ち着いていて普通にいると思っている今この瞬間も、木の枝から枝へと飛びかう猿のように飛びまわっているものだと」いう表現でした。それとは別の表現をすると、「呼吸を意識するのを邪魔するもの」とも言えるかもしれません。

それでは、「心とは何でしょうか？」と質問の種類を変えてみると別の答えが出てくるかもしれません。実は、本書の文章内では「マインド」と「心」という2つ単語を使い分けてきたことにお気づきの方もいらっしゃるかもしれません。イメージしやすい方を使ったり、あえてイメージしずらい単語を使ったりしたのです。

「心」という言葉を使うと、日本人はまだイメージしやすいと思います。教育から精神性を無くせたとしても、言葉から「心」を無くせはしないからです。私は「人生を変えるプラクティスを提供する」という決意を持ち、10年以上に渡ってヨーガを指導しながら、この質問を繰り返してきました。

「ボディ」「マインド」そして「ソウル」

それでは、もう一度質問します。

「マインド（心）とはなんでしょうか？」

多くの方にこの質問をすると、「心とは感情のことではないでしょうか……？」という返答が最も多いです。

「怒り」「悲しみ」「喜び」などの気持ちを表す言葉も返ってきて、それはすなわち「感情」だという話になります。いま「気持ち」という言葉が登場しました。私も普段からそうですが、ヨーガという世界観は、「言葉」というものをとても大事にしています。

その理由はまた後で登場しますが、日本語には多くの「気」という文字が登場します。「元気」「やる気」「勇気」「覇気」「短気」などなど……。それらは往々にして、日々の生活をおくるために大切なエッセンスであり活力の源であるでしょう。

この「活力」こそ、ヨーガでいう「プラーナ（Purāṇa)」です。

「心」と言えば感情というような気持ちであり、あちらこちらに飛びかうものである「マインド」とは少し違うものについて話しているような感じがしてしまいます。

これらは目に見えないものなので、ややこしいのは当然ですね。目に見えないものであるからこそ分かりづらいということで、古代のヨギーたちはこれらをまとめて分かりやすいもので表現しました。

我々の周りにごく普通にある木の実や果物の構造を参考に表現したのです。目に見える部分も目にみえない部分も、基本は自然が創り出した構造だろうということです。この構造を地図のようにして、行ったことのない世界を旅したというわけです。

ここで登場する果物は、りんごでも梅でもオレンジでも何でもよいです。これら果物の構造は、皮と実と種の3種類の層に分かれています。(図1参照) 正確には、皮の外の世界をいれると4層に分かれていると言えます。

自分自身に例えた場合、この果物の皮、実、種の3種類はどこに相当するのでしょうか?

図1

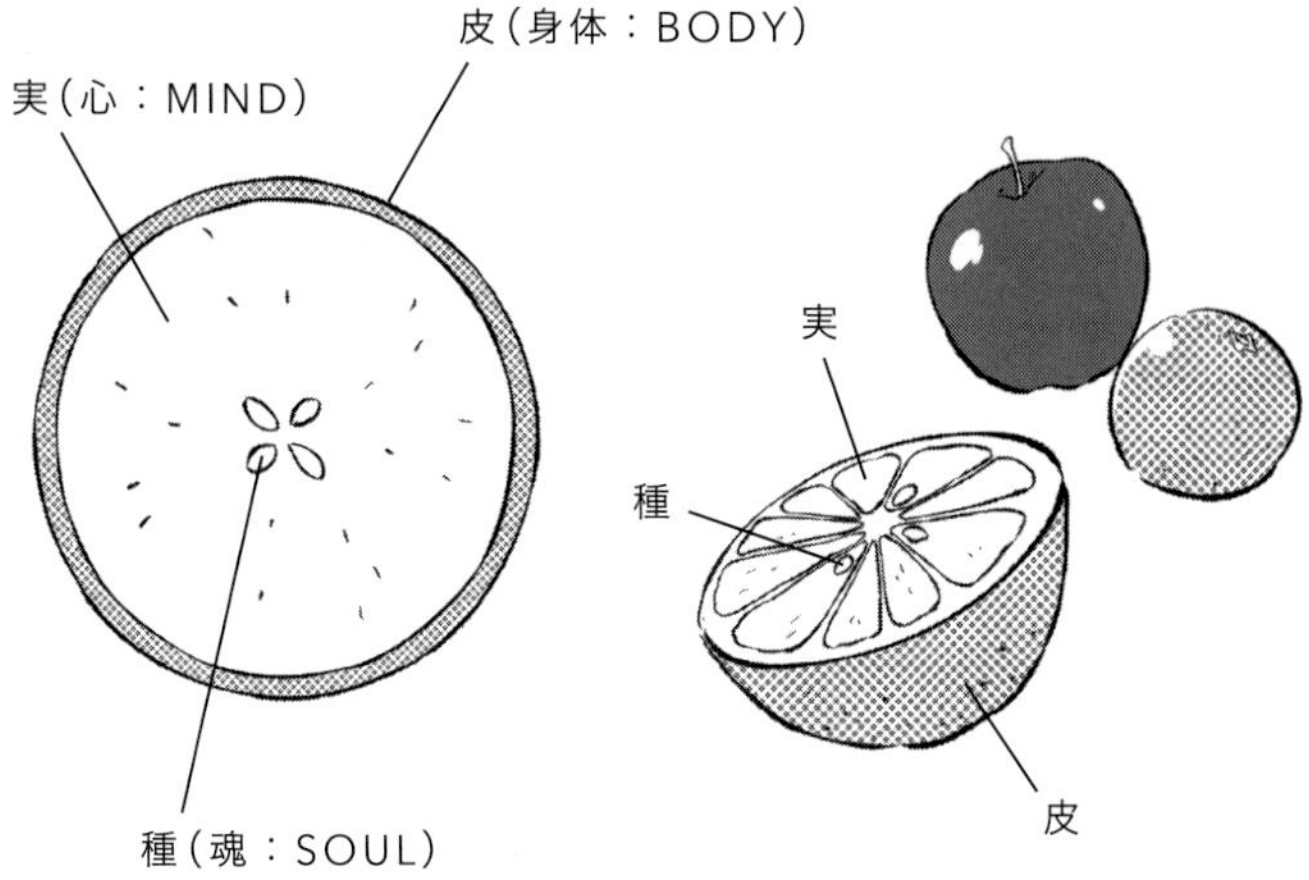

自分以外の物をつかんだり触れたりできるのは自分の手です。すなわち自分の外の世界と直接触れているのが果物の一番外側の層の「皮」になります。この「皮」の層が、『身体』となります。手足だけでなく、身体の全ての部位が相当します。骨や筋肉だけでなく内臓も含まれます。

そして、この「皮」の次の層の「実」の部分こそが『マインド』やら『心』と呼んでいるものがある場所です。

最後の層となる「種」の部分は、『魂』とか『ソウル（SOUL）』などと呼ばれている場所です。

外界（皮の外の世界）からの影響を直接的に受けるのが「皮」と「実」の部分です。果物でも外界が乾燥していると皮はしわしわになったり日差しが強いと変色したりします。「実」の部分も雨が降ると降らないとでは、味が甘くなったり酸味が増したりと変わっていきます。

こういった構造から鑑みると、「皮」と「実」の部分の層は、外界からの影響を受けて逐一変化していく場所であり、一方で「種」の層はほとんど変わらない場所であると言えます。

怪我をした場合、多くの人は「私の手から血がでた！」と言い、マインドに辛いことがあった場合、「私の心が傷ついた！」と言うはず。そう、言葉は正しいことを言っているのです。変わることのない種の部分である『魂』の層こそ私自身なのです。分かりやすくするため、ここでは『本当の自分』と表現しておきます。

このように構造（地図）を頼りにすると、それぞれの場所の性質や役割を理解しやすいのは分かると思います（「種」の性質は少し混乱しやすいので、触れるのはもう少し後にしましょう）。

図２

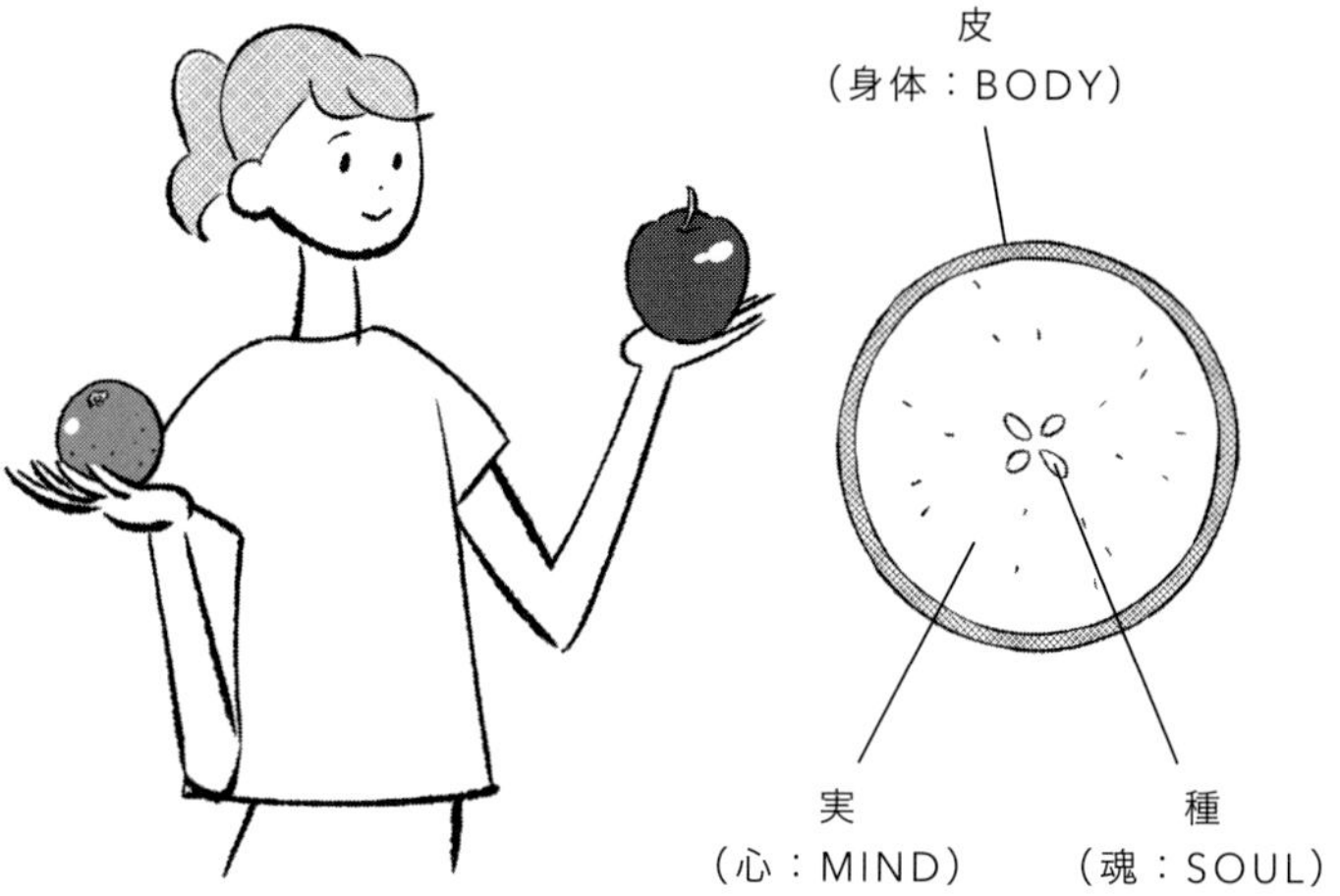

外の世界が見えない「マインド」

さらに『マインド』の性質を見ていきましょう。この果物構造からどんなことが分かるでしょうか？

図2は、構造を分かりやすくするためにオレンジを真っ二つに切ってありますが、オレンジは丸い球体の形をしています。それでは、外の世界から丸い球体を見てみましょう。まず1つの決定的なことがわかります。

外からは「皮」しか見えません。中を触りたくても、そのままでは「皮」にしか触れることは出来ません。

「だから何？」と思われるかもしれませんが、実はとても重要なことなのです。これを逆側、マインドが存在する層の側から見たらどうでしょうか？　「実」であるマインドの周りを「皮」が覆っているのです。球体なので３６０度を完全に包み込んでいるのです。

すなわち、マインドからは外の世界が見えないという構造になっているのです。「いや、そんなことは変だ！　心は何かを感じているし、怒りとか悲しみは外の世界と触れて起きているじゃないか！」という反論も聞こえてきそうです。

そうです。この構造図はまだ完全なものではないのです。

「皮」に覆われた暗闇の状態では、外の世界のことがまったく分かりません。そのため、「実」の層と隣接している「皮」の層に頼ることになるのです。ここで、我々の目に見える肉体である「皮（ボディ）」とマインドがつながるわけです。

マインドが存在している「実」の部分は、「皮」に覆われた、まさに暗闇のようです。この中でマインドは何かを成し遂げようとします。何をしようとしているのでしょうか？

人生に目的を見いだす必要があるかどうかは分かりませんが、我々の目の前にはやらないといけないことはたくさんあります。たとえば、原始の時代であれば、生きるために身体を使って食べ物を「手に入れる」とか、目の前に敵が現れたなら「足を使って逃げる」ことをしてきたでしょう。現代においては、郵便屋さんは手紙を「配達する」ことが業務の一つであり、警察は市民を「守る」ことが責務でしょう。

では、マインドは何が仕事なのでしょうか？

実は、マインドには課せられた使命があるのです。自分のマインドの性質を知るためには、一般的な構造（マインドマップ）がわかることと同時に、マインドの根本的な役割を理解する必要があります。

五感というセンサーの役割

マインドの根本的な仕事とは『知ること』です。

「皮」に覆われて暗闇の中にいるという構造の中、マインドがしなくてはいけない仕事とは『知ること』なのです。マインドが外の世界を『知る』ことをしようとしても、そのマインドを覆っている「皮」が邪魔して『知ること』がなかなかできません。

外の世界の景色を『知る』ために、マインドはどのように「皮」の部分である『身体』を使っているのでしょうか？

実は、マインドが、暗闇から外の世界を『知ること』ができる穴が5つだけあります。「皮」にある穴から外の世界を覗くことで、外の世界の色を『知ること』ができるのです（図3参照）。

図３

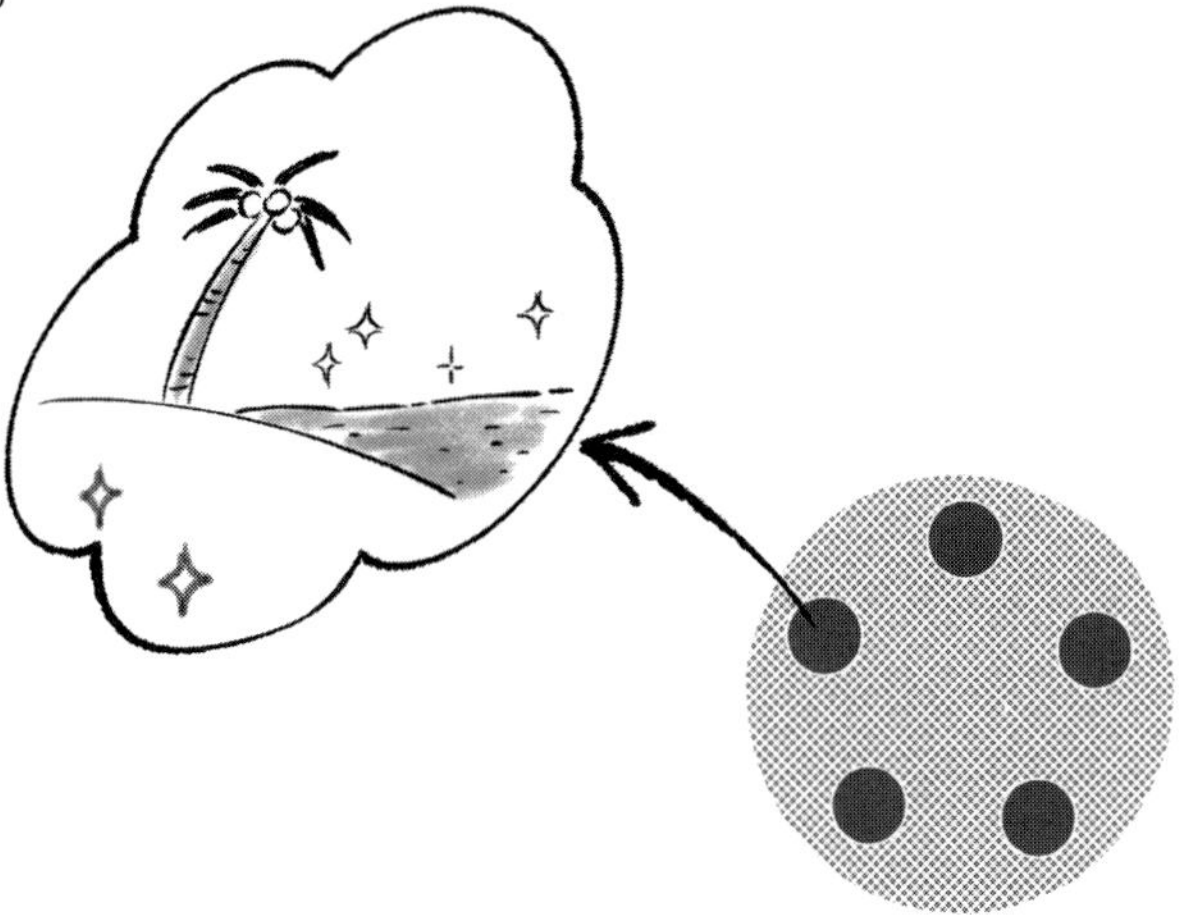

実は、穴という表現は適切ではありません。私はそれを「センサー」と呼んでいます。外の世界の色を読み取るセンサーが、景色をマインドにみせてくれているのです。

その景色に、海が広がって水着の人々がヤシの木のもとでトロピカルドリンクを飲んでいたら、「実（マインド）」の層の中で「野外」「夏」「ハワイ」「海」などの映像が浮かんできます。これにより、多くの『想い』が登場するのです。もうお分かりだと思いますが、このセンサーは「視覚」というものです。

そういった「皮」と「実」をつなげるセンサーがあと４つあります。すなわち、先ほどの「視覚」に加え、「聴覚」「味覚」「臭覚」「触覚」が加わっ

図4

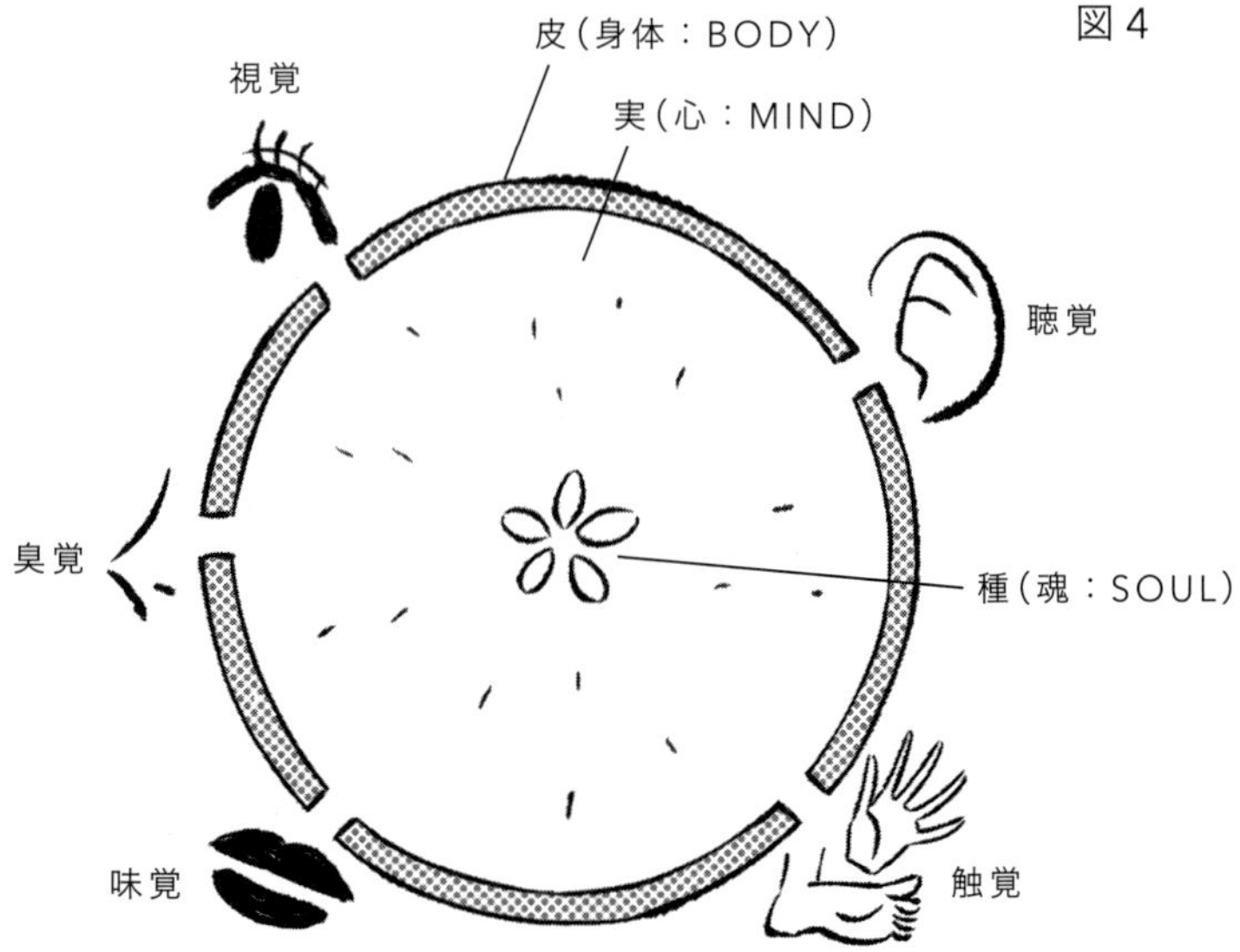

た5つの感覚器官こそ、暗闇の中にいるマインドに光を照らすものなのです。

この構造を今までのマインドマップに加えると図4のようになります。やっとここまで来ました。マインドの構造の完成です。

外の世界にある「匂い」のエッセンスを、『皮』の一部分である鼻にあるセンサーが読み取って『実』に伝えます。「マインド」が『皮』にあるセンサーを使ってそのエッセンスを「知ること」こそが、「マインドの仕事」だと説明しました。その「匂い」というエッセンスをもとに、マインドの中で色々なエネルギー（プラーナ）が巡っていくのです。

五感と「マインド」の相関関係

例えば、街を歩いていて何かの匂いを嗅いだとしましょう。この「匂い」のエッセンスはスパイスであり、「カレーの匂いだ！」と結論づけます。すると、あなたがこれまで食べてきたカレーの映像を連想したり、カレー屋さんの風景の映像が登場したり、具体的な味を思いだしたりするかもしれません。

これは、「嗅覚センサー」が「匂い」というエッセンスをキャッチし、「視覚センサー」が「色」というエッセンスでマインドが知るために持ちこんだものと、「味覚センサー」が「味」というエッセンスで同じようにマインドが知るために持ちこんだものが組み合わさった結果によるものです。

ここで重要なことは、この「匂い」のエッセンスは、以前にもうマインドに持ち込まれているということです。そうでなければ、知らない「匂い」で終わっているかもしれません。しかし、過去に知っている匂いだったため、マインドの中でエネルギーがめぐり、「色」と「味」のエッセンスを連動させて動いたのです。

ここからさらにマインドの中で様々なエネルギーがめぐるかもしれません。「皮」の部分である身体が空腹ならば、エネルギーを必要としているという感覚が「実」につたわり、「食べたい！　店はどこだ？」と思うかもしれません。

一方、嫌悪感に包まれることがあるかもしれません。カレーを食べたら腹痛を起こして苦しんだ経験があれば、それを想起して「ここから立ち去ろう！」という行動を取ることになるかも。

過去に記憶された「美味しい」とか「苦しい」という記憶に飛んで行き、様々な過去の「エッセンス」を通じて色々なことが浮かんでくることでしょう。その結果、今のあなたが取る行動が無意識に決まっていくのです。カレーを食べたいとか、食べたくない！　ということを。

ここで次の『ヨーガ・スートラ』のおしえを引用します。

過去や未来などの時の制限がある状態で、身体の感覚や心の変化がおこると、心は枝を飛びかう猿のように動きだす

『ヨーガ・スートラ』
1章4節
（一部より抜粋）

先ほどの説明のように「過去」のエッセンスをもとに、しかも「過去」の5つの感覚器官（センサー）からのエッセンスや、その時の『感情』の記憶などを飛びまわります。

この飛びまわる状態を「マインドが動いている」と言い、さらに枝から枝へと飛びかう猿のようだと表現しているのです。しばしば集中力向上にまつわる講座などで紹介される「モンキーマインド」の説明と同じであることがわかります。

普通に涼しい顔して歩いている全ての人々のマインドは、「過去」に「未来」に矢継ぎ早に飛びまわり、暴れまわっているが普通なのです。

「マインド」の揺れを止めるために

ここで、P.37で紹介している『ヨーガ・スートラ』の1章2節に戻ります。この節のテキストにはまだ続きがあったのです。

> ヨーガを通じて枝を飛びかう猿のような自分の心に気づこう！
> そして、その心の動きを止まったかのように弱めよう！
>
> 『ヨーガ・スートラ』
> 1章2節
> （一部より抜粋）

「え、止めてしまうの？」

そうです。多くの『ヨーガ・スートラ』の解説本には「滅する」とまでの強い表現があります。このような表現を見ると、『ヨーガ・スートラ』という根本経典が本棚にしまわれてしまうのも仕方ないことなのかもしれません。

でも、安心してください。『ヨーガ・スートラ』の構造が、最初にスピリチュアルな世界での命題となる「究極の目的」を紹介することで始まっているだけなのです。

富士山の頂上からの景色を最初に紹介しているからといって、登山を始めたばかりの人はいきなり富士山の頂上を目指さないのと同じです。

なぜいきなり頂上を目指さないかというと、今の自分に足りないものがあることを本能で知っているからです。山を登るための体力であったり経験であったり、どんな準備をしたらよいかの知識であったりするかもしれません。どんな危険があるのか、山を登る際の注意点についての知識かもしれません。または、小さな山からゆっくり経験を積み重ねていく必要があるということかもしれません。

それは、ヨーガの練習もまったく同じです。

遥か先に究極の命題（目標）があるということを知るだけでも価値があります。これだけすごい所へと導くことができる技術があるからこそ、長い歴史の中で数々の宗教における技術としてヨーガが使われて来ました。たまに、「ヨーガって宗教っぽい部分がありますね?」と言う人がいますが、『ヨーガ・スートラ』を読めば読むほど、世界中の様々な宗教がヨーガの技術を使っているからそう感じてしまうのだと思います。

最高峰の山の頂上に到達できるような方法が示されている内容だからこそ、世界中で何千年も評価されているのです。

さらに、評価されている別の理由として、最初の1歩からの山の登り方を説明しているのが『ヨーガ・スートラ』であるということ。その頂上から見える世界の話は、図4の中心である「種」の説明になるのですが、それについてはまだ先になります。

まだまだ「マインドの働き」の話は続きます。「皮」に覆われた「実」であるマインドは、外の世界が分からないために「皮」の5つの部分(感覚器官)を使って外の情報を「知り」ます。その知り得た情報は、「過去」のマインドが知った情報と入り混じり、マインドの中はまさに枝から枝へと飛びかう猿のように色々なエッセンスが駆け巡ります。

恐ろしく空腹である時に、食べ物の映像が頭から離れなくなった経験はないでしょうか？様々な過去の映像や経験（エピソード）にもとづく感情や想像などが頭の中をぐるぐるとめぐり、さらに強くなると「言葉」になり、無意識に「お腹すいた！　何を食べようかな？」と呟いているかもしれません。

頭の中のお喋りは時に不眠を引き起こすこともあります。

マインドの仕事は「知ること」ですが、知ったことをいつも思い出したり、知りすぎてしまって混乱したり、間違って知ってしまったりします。そして、その勘違いによって、さらにマインドは枝を飛びかう猿のように動くのです。マインドは「知ること」を仕事としているのに、5つのセンサーからしか知ることができなくて、不完全に知ってしまうことを理由に混乱することこそが、マインドの特徴であるといえます。

この混乱が大きければ大きいほど、猿のように跳びまわればまわるほど、マインドは動きに動き、悩みが繰り返され、頭の中で呟きが増えていきます。それがひどくなると不眠などの不調を引き起こします。この現象は、マインドマップから分かるようにマインドのある「実」と隣接している「皮」である身体へと影響するから起こるものです。

不調という表現はとても曖昧なものですね。ヨーガスタジオやヨーガの世界で登場する『不調』はどのようなものなのでしょうか？　次のチャプターでは、「マインドが暴れ動く」ことによって、どんな『不調』がおこるのかを具体的に説明していきましょう。

第3章 マインドが暴れることによる不調とは？

絶えず動き回り、暴れるマインド。
マインドがもたらすものからのケアは
日々の生活の中で必要不可欠になります。

マインドへのケアを軽視したり、
あるいは怠ったりすることは、
不調を心身にもたらします。

それは多岐に渡る症状が発症します。

マインドの乱れの原因を見つける。
そして自身の自然治癒力を高めていく。

それらをヨーガのおしえに従うことで
実現していく方法を紹介します。

「マインド」に対するケアの重要性

私は幸運なことに、仕事で世界中の国を旅することが多く、その時は時間を作って各地にあるスタジオで行われているヨーガのレッスンをのぞくようにしています。

スタジオの雰囲気をのぞくのは楽しいし、どのような人々がどのような練習をしているのかを見るのも楽しいものです。

もともと住んでいたハワイのホノルルにある数々のスタジオ風景や、ハワイのマウイ島にある自分のヨーガの師であるナンシー・ギルコフ先生のスタジオはまさに自分にとっての「ヨーガ原風景」と言えるでしょう。

国際交流を目的に、巨大客船で世界一周を行う「ピースボート」という船旅がありますが、その客船の中で乗客の皆さまにヨーガを教える仕事も行っています。

その旅は、途中で世界各国に立ち寄るのですが、それぞれの寄港地でヨーガを練習したりして、世界中のスタジオに足を運んでいるのです。各地でヨーガを指導することもあれば、レッスンに参加してみることもありますが、様々な場所でヨーガを練習する人々を見て思うことは、世界中の皆さんは目的を持ってヨーガをしているということです。

発展途上国などでは、ファッションとしてヨーガの練習をすること自体を目的としている人々もいますが、基本的には（明確な目的とは言わなくとも）ヨーガの練習からギフトを感じ、スタジオに通っている人々がほとんどです。

どのような恩恵をギフトだと感じるかは人それぞれですが、ハタヨーガのどのような練習をしたら自分自身にどんなギフト（恩恵）が訪れるのかを、明らかにすることは良いことです。

ヨーガを伝える立場であるならば、どの練習をすることで何が自分自身に（生徒さんに）もたらされるのかを把握しておくことはさらに重要になるでしょう。

ここで逆説的に考えてみることにします。

ヨーガの練習をしていない人はどうなのでしょうか？　ヨーガの練習をしないことで何が起きてしまうのでしょうか？

ヨーガを伝える立場であるなら、練習をすることで何が自分に（生徒さんに）もたらされるのかを知ることは、より重要になります。ここで逆説的に考えてみることにしましょう。ヨーガの練習をしていない人はどうなのでしょうか？　ヨーガの練習をしないことで、どのようなことが起きるのでしょうか？

マインドの暴れに共鳴するかのように身体は震え、呼吸も乱れる。

『ヨーガ・スートラ』1章31節
（一部より抜粋）

身体が震え、呼吸が乱れるとは、いったいどのような状態なのでしょうか？

緊張を感じると身体の一部である心臓がドキドキして、全身がガタガタ震える場合もあるでしょう。強い恐怖を感じると、震えを通り越して身体が硬直する場合もあり、呼吸は吸う・吐くから乱れ、息が止まる場合すらあります。

前章で紹介したように、緊張を解くべく「ため息」をして息のバランスを一度リセットしているということを、多くの人が経験したことがあると思います（それが無意識であれ）。

何かを試みようとするとマインドが激しく動きます。例えば人前で話したり発表したりするのでもよいでしょう。ここで知ってほしいのは、マインドのその過剰な揺れは、呼吸や身体をも過剰に揺らしているのです。

無理やり息を止めて、身体を緊張させてガチガチにしながら歯を食いしばり、何かをやり遂げようとする人もいるかもしれません。

マインドが暴れることへのケアと、身体と呼吸のケアをしないで生活することを続けたら、身体はどんどん硬直した状態になっていくでしょう。そして、マインドの過剰な揺れは、マインド自体にももちろん影響します。

心と身体に現れる不調

先程の『ヨーガ・スートラ』１章31節に一文が加わります。

> マインドが暴れることで、悩みや憂うつな状態を引き起こす。そして、マインドの暴れに共鳴するかのように身体は震え、呼吸も乱れる。
>
> 『ヨーガ・スートラ』１章31節（一部より抜粋）

『ヨーガ・スートラ』は、千年以上も前から不調の状態をこのように伝えてくれています。マインドマップからもわかるように、マインドが暴れ動くのを無理やり抑えつけようと力めば、呼応して身体も力み、さらに呼吸は乱れます。

無理やり抑えつけられたマインドからは、苦しみが生まれ、ネガティブな思考を伴っていくようなイメージです。

生理学的に言えば、筋肉や血管の収縮リズムが乱れることで、同時に呼吸も乱れます。この筋肉の緊張が維持されることで、体内の循環系、呼吸系、糖代謝といった代謝系の負担が大きくなっていきます。

現代の言葉で不調や病気を表現するのであれば、次のようなものが挙げられます。

心に現れる不調

・痩せ我慢をしてしまう
・感情を抑え込んでしまう
・イライラがおさまらない
・すぐ動揺してしまう
・人前で過度に緊張する
・不安がおさまらない
・落ちつかない
・何も楽しめなくなる
・自閉症

・うつ病
・情緒不安定
・パニック障害
・被害妄想

身体に現れる不調

・筋肉や血管の収縮リズムの乱れ
・食欲不振、過食
・呼吸障害
・身体が硬くなる
・疲れ目、クマができる
・肩こり、腰痛、関節の痛み
・便秘、下痢
・冷え性、むくみ
・不眠障害
・多汗症

・てんかん
・頭痛、偏頭痛
・自律神経失調症
・心筋梗塞
・糖尿病

病気という問題に対して、現代ではちょっとした不調から身体のわずかな異変まで、何から何まで薬で治すという時代です。西洋医学は、身体の毒となる問題は切り取るか薬で破壊する、脳に伝達する神経を麻痺させることで痛みがないようにするという対処がされてきました。対処療法を呼ばれる所以です。

西洋医学は、技術や道具の革新的な進歩によって素晴らしい成果を人類にもたらしたことは事実ですが、あわせてもたらされる2次的な副作用については多くは語られていません。

19世紀、多くの先進国の平均寿命は40歳代でした。そこから百年が経ち、それが70歳代に延びたことからも、現代医療と化学の技術の進歩は凄まじいことがわかります。

病院という場所は、薬を販売して生計が立つようにビジネスモデルができあがっているので仕方ない部分もあるのですが、国民皆保険制度によって一部負担で済むこともあり、安全な（副作用があるとは知らずに）薬をもらいに病院に行く人が多いのが現状です。

薬という毒で毒をやっつける（取り除く）、手術で毒を切り取るという発想に対して、身体の陰陽のバランスをとることで毒を追い出す力をもって治すというのが東洋医学の考えではないでしょうか？

この力を「自然治癒力」と呼んでいます。

心に現れる不調

日本という国は四季によって気候が変化します。温度も湿度も「ラジャス」になったり、「タマス」になったり変化します。そのたびに我々は適応しようと自然治癒力を高めてきました。とはいえ、電化製品の普及により、身体の受け取る気候面での四季の影響は少なくなっています。温度差に順応したり抵抗したりする機会が少なくなり、自然治癒力を高める（抵抗力を上げる）ための機会はますます減っていってます。このままの便利な状態で日本は世界の長寿国というポジションも変化していくと思われます。

抵抗力の弱さは、生活習慣病、慢性的疲労、身体の痛み、アレルギー、アトピーなどの慢性疾患を生みだしているのも事実です。

> モンキーマインドを放ったらかしにすると身体に病気や様々な心的問題が生まれる。これらがヨーガの練習の障害となる。
>
> 『ヨーガ・スートラ』１章30節（一部より抜粋）

『ヨーガ・スートラ』の中では、病気は練習の障害となる、すなわち良い練習をする妨げになるといっています。

先のリストで紹介した現代に蔓延する病気や症状は、人類が狩猟採集社会から農耕定住社会へと変化した、この1万年のうちに誕生したと言われます。

その理由からも、病気になる第1の原因は運動不足であることは明白です。第2の原因に、食料を保存することが出来るようになり、食べすぎ（炭水化物などの糖質の摂り過ぎ）の問題があります。そして、第3の原因として、定住社会によってコミュニティの中での対人関係が生まれ、心の問題が発症しました。これら3つの要因が絡み合って、不調や病気を起こしているわけです。

現代的な心や身体の問題はリストにあげましたが、『ヨーガ・スートラ』の経典は、特に練習の妨げになる心の様々な状態を紹介しています。

妨げになる心の状態

・この練習じゃないと絶対にダメだという執着の強い心の状態
・この練習に意味はあるのだろうかと疑う心の状態
・焦りなどから心が不注意になる状態

・今日は練習したくないという怠け心の状態
・様々な誘惑・誘いの快楽に負ける心の状態
・妄想・幻想に走ってしまう心の状態
・もう一歩を踏み出せない心の状態
・良い状態を維持するプレッシャーに負けてしまうような心の状態

これらの障害となる状態を克服しながら、ヨーガの練習を深めていきましょうというわけです。

「健康的になるためにヨーガや瞑想をしましょう」と言いますが、経典は「ヨーガ（良い瞑想状態になるため）の練習をするために、病気をも克服しましょう」と言います。

そのため、身体とマインドを健全に保つ様々な技が開発されました。次の章からその技をいくつか紹介していきます。その前に、不調を取り除くヨーガという、まさに薬であるものの特徴をまとめておきたいと思います。

ヨーガで不調を取り除く

1．自然の力で不調を治していく

ヨーガ哲学の考え方では、自然は「5つの元素（物質）」に分類されます。空、風、火、水、地（土）の5つです。自然を構成する全ての物質は、この5つの基本的な要素の組み合わせでできているというのです。

自然という表現よりも、「宇宙」から考えた方がイメージしやすいかもしれません。

まずは宇宙という空間が生まれました。そこにスペース（空間）の元素が誕生したのです。そのスペースが拡張していきます。広がるということはそこに動きがあります。動きは「風」のエッセンス（元素）です。先に紹介した通り、すべての物質には3つのグナという状態があるので、動きにも激しいものや鈍いものや穏やかなものがあります。

空間の中での激しい動きは熱を作り出します。熱は「火」の要素です。こうして、空が火の元素になったわけです。

今度は空の要素を持つものが火の要素によって溶けて液体となり、「水」の元素として現れます。それから空の要素が溶けて、さらに「土」の元素が作られます。

このように空の元素から、風、火、水、土の元素が生まれ、自然の物質は全て5つのエッセンスを含んでいるのです。

大宇宙、または大自然と同じように、小宇宙、または小自然である人間も5つの元素で構成されています。

大自然は何千年・何百年と続きながら無秩序のようで秩序を保っています。小自然である我々にも5つの元素がバランスをとる力があるのですが、枝から枝へと飛びかう猿のようなマインドが原因となり、秩序を乱すのです。

ヨーガという薬は、マインドの乱れを抑えて自然の治癒力を持ってして身体の乱れ（病気）を治すというわけです。

2.マインドの乱れの原因を見つけて不調を予防する

西洋医学において、不調を治す方法は毒を取り除くか切り取るという方法でした。頭痛があるならば頭痛を取り除く薬を摂取することで頭痛をなくす、腹痛があるならば痛みを取り除く薬を摂取するわけです。

しかし、ヨーガ的な考え方は、何かしらの不調の結果としてある痛みを取り除くのではなく、痛みそのものを大事に考え、痛みを入口として痛みができあがっていくプロセスを精査し、そもそもの原因へと辿りつこうとします。

大宇宙である自然と小宇宙である人間が調和するのを妨げる働きこそ、マインドの働きであり、すべての苦しみの原因なのです。

過去と現在は変えられない。予防するべきは未来の苦しみ。

『ヨーガ・スートラ』
2章16節
（一部より抜粋）

病気になったら……。怪我をしたら……。痛みがでたら……。

我々は、異変や痛みなどの結果が身体に出てから、次なる行動に移します。

しかし、ヨーガの経典は、「もう過去は変えられません」と現実を教えてくれます。そして、少し前の過去からの影響で成る現在も、変えるのは手遅れだといいます。予防できるのは未来だけなのです。

予防するために、病気となるプロセスをたどり、原因であるマインドの働きに対応しましょうと伝えてくれているのです。

3．身体と心を出来るだけ傷つけない方法を模索している

何かに変化をもたらそうとすると、必ず副作用があります。力学の世界に作用と反作用があるように、どんな行動にも副作用があるわけです。

具体的な副作用の例をご紹介しましょう。

風邪などで処方される「コデイン」は、咳止め作用や鎮痛作用のある薬です。フランス、ドイツ、イギリスなどでは使用禁止になっていて、吐き気、嘔吐、眠気、めまいなどの副作用があります。

「抗ヒスタミン薬」は、鼻水を止める薬として使われますが、眠気を誘ったり、尿が出にくくなったりする副作用があります。

鎮痛薬としてある「ボルタレン」は非ステロイド性抗炎症薬で、血管を収縮させて痛みを抑える効果がありますが、血行が悪くなって冷え性を引き起こすなどの副作用があります。

同じく鎮痛薬で有名な「ロキソニン」は、胃の粘膜が荒れて機能低下をもたらします。

睡眠を促す薬で有名な「ハルシオン」は、物忘れや依存症などの副作用があり、長く使用していると認知症を引き起こす恐れもあることから多くの国で使用禁止になっています。

現代医療は素晴らしい技術を持っており、投薬によって劇的に回復することもありますが、遺伝子組み換えなど数百年後の子供に影響があるかどうかわからないという意味で、完全に安全であるかはわかりません。薬を販売するために研究はされますが、薬を売らない原因をつくるためにわざわざ研究費を出すことはしないのです。

そして、薬に必ずあるのは上記で紹介したような反作用的な副作用です。薬がなくとも良くなるような軽い症状に、副作用という毒を与えるのはよくありません。

何かを傷つけるような行為、傷つける言葉、傷つけるような想像をすることが、最も自分自身のマインドを騒がしくして苦しみを増やすことである。

『ヨーガ・スートラ』
２章30節
（一部より抜粋）

副作用という自分自身を傷つけてしまうという行為をやめるという意味において、ヨーガという身体のバランスを整えて調和をはかり、自然治癒力でもって不調を改善するというアプローチは、身体を傷つける毒を最小限にして新しい苦しみを少なくする方法なのです。

身体の感覚でもって姿勢を作るには、筋力の強さによる安定と、筋力のおだやかさによる心地よいゆるみが両立しているとよい。

『ヨーガ・スートラ』2章46節（一部より抜粋）

筋肉を硬直させて鋼の様に硬く安定した身体は、ポキっと折れて壊れてしまうかもしれません。リラックスして力が完全に抜けていても、普段の緊張した生活で硬くなった身体を伸ばすことはできません。

イメージでは、竹のようにしなやかであり、かつ強さもあるという姿勢を感覚でもって作るわけです。

「不調」を起こしてしまうことから自分をケアするため、世界中の人々がヨーガスタジオに足を運んでいます。

すべてのヨーガスタジオに通う人々が、明確にこの「不調」から良くなろうとしているわけではないかもしれません。しかし、ヨーガを通じて「不調」から良くなっている実感があるはずです。

この章で紹介した、数々の「不調」という負のスパイラル（連鎖）からの脱却として、世界中の人々がスタジオでハタヨーガのプラクティスをしているわけです。

さて、彼らは一体どのようなプラクティスをしているのでしょうか？

ヨーガスタジオで練習したことのある人は、ヨーガの「ポーズ」とか「呼吸法」をしたというかもしれません。次の章では「ヨーガのプラクティスとはどのようなものなのか」ということについて話をしていきます。

第4章　ヨーガのプラクティスとは？

暴れ回るマインドの対処法を知り、
いよいよ具体的なプラクティスについて
皆さんとシェアしていきます。

古代に書かれた経典の内容を実践する。
その前提となるものを身につけていく。

本章の目的はそれに他なりません。

体力のつけ方や溜まった毒の出し方、
それらを伝授していきながら、
心肺機能を向上させるプラクティスを
皆さんにお伝えしていきます。

最初の一歩を踏み出しましょう！

毒素を減らすということ

プラクティスについての章がとうとう始まりました。そもそも、練習とは何でしょうか？　もちろん「練習とは？」を明確にしていくのがこの章の目的なのですが、前章の流れから言うと、数々の「不調」を取り除くものがヨーガの練習であると言えます。

身体の不調をもたらす要素である「毒素」を身体から出していく行為は、練習であるといえるでしょう。

ここで、2章に登場したマインドマップを思いだしてください。それは3層構造でした。それぞれの層の「毒素」を取り除き、「不調」をなくすものをプラクティスと呼んでいるのです。

> まずは、クリヤーヨーガから始めよう！　身体・マインド・魂のそれぞれの3層を磨いて毒素を減らす行為こそが最初の一歩である。
>
> 『ヨーガ・スートラ』
> 2章1節
> （一部より抜粋）

ここに記された「毒（TOX）」を減らす（DETOX）方法は、基本的に2種類あります。1つは過去から溜め込んだ「毒」を減らすことで、もう1つはこれから入ってくる「毒」を少なくすることです。

溜め込んだ身体の「毒」を減らすとはどういうことでしょう?

曖昧な表現をするならば「健康」になるということで、シンプルで簡単な表現をするならば、「身体を強く元気にする」ことです。「身体を強くする」とは、筋力を増やし基礎体力をつけて、さらには心肺機能を高めていくことで免疫力をアップするということになるでしょう。

筋力を増やすというと、「ムキムキになるの?」と極端な発想に飛んでしまう人がいますが、そうではありません。目的を忘れてはいけません。目的とは「健康」になって、身体が持つ自然な働きである「毒」を追い出す力のスイッチを入れることです。

古代において、この要素の重要性はあまり取り沙汰されてきませんでした。今ほど便利な世の中ではなかったこともあり、基礎体力が無ければ生活することすらできなかったからだと思います。

昔のヨーガのテキストを実践するにあたり、自分の身体を支えて動くための最低限の筋力がある状態を前提としていることが重要です。

体力をつけることの重要性

江戸時代の飛脚について書かれたエピソードを知ると驚きます。今では交通の便が発達し、東京〜大阪間の550㎞にもおよぶ距離の郵便は1日あれば届いてしまいます。しかし、当然ながら江戸時代はそうではありませんでした。飛脚が運んでも、1ヶ月近くかかっていたようです。

それでも急ぎの便だと、200㎞を1日で走り、それを3名でリレーしていく方式で、郵便を3日ほどで運んでいたそうです。なんと驚異的な体力でしょうか!

この飛脚の例えは少し極端かもしれませんが、飛びかうモンキーマインドを扱うためには、体力は最低条件であるということです。

そのような背景から、現代人向けに登場して世界中で人気を得ているのが「パワーヨーガ」なのかもしれません。「ヴィンヤサヨーガ」「フローヨーガ」とも呼ばれますが、呼吸と合わせて動きながら体力もつけていくタイプのヨーガであり、「パワー」という名称から相当なパワーを必要とするように聞こえますが、自分の身体を支える健康な身体のためのパワーという意味です。

飛脚の話に戻りましょう。飛脚がその小さな身体で驚異的な体力があるのを見て、外国人が記録に残していたそうです。飛脚の人々がどんなご飯を食べていたのか気になったようで、「何か特別な物を食べていたのではないか?」と思うのは当然でしょう。調査の結果、飛脚の人が走っている時に食べていたものは、麦飯のおにぎりに漬け物程度だったそうです。

飛脚たちが日常生活で食べていたメニューは、麦入り玄米、漬け物、魚の塩焼き、味噌汁で、激しく体力を使う時ほど少食になっていたのです。

明治初期の頃の話ですが、飛脚の体力が驚異的だと思ったドイツ人のベルツという方がある実験をしました。自分たち西洋人のように肉類を中心としたエネルギッシュな食事を摂って仕事をしてもらったら、彼らはもっと凄いパフォーマンスをするのではないか、と。

当時の考えでは、肉を食べれば元気になるという原始的なものだったこともあり、西洋の食文化である肉類を中心とした、高タンパク質、高脂肪質の食を飛脚に食してもらったのです。しかし、3日目で疲労が激しくなり、飛脚から「力がでない！　元の食事に戻してくれ！」という悲鳴の声があがったそうです。

そこで行われた実験は、80㎏の人を乗せて40㎞の道のりを走るというものでした。そもそもの体力が昔の人々と現代人では段違いなわけですが、このベルク氏による実験から何がわかるかというと、身体が良いパフォーマンスを発揮するためには、食べるものの内容と、食べる量を考える必要もあるというわけです。

断食のプラクティス

ヨーガスタジオ内では、なかなか実践しにくいプラクティスですが、日々の生活において少食にするというものがあります。いわゆる、断食やファスティングなどと呼ばれているメソッドです。

> まずは、クリヤーヨーガから始めよう！　身体・マインド・魂のそれぞれの３層を磨いて毒素を減らす行為こそが最初の一歩である。クリヤーヨーガの１つはタパスである。あつい熱で持って毒を消し去るのだ。
>
> 『ヨーガ・スートラ』
> ２章１節
> （一部より抜粋）

この「断食」のプラクティスも、タパスの１つだと言えます。端的に言えば、現代人は食べ過ぎなのです。車や電車など便利なものが増え、世の中が楽に生活できるようになったこともあり、自分の身体を使って動かなくなったのに、その反面食べる量は増える一方です。

食べた大量の食料を消化することさえ、エネルギーを使います。さらに、体内で運搬しながら吸収し、最終的には排出するまでエネルギーを使うのです。たとえ素晴らしい食材であっても、身体が必要な量を超過していれば、身体にとってはすべからく「毒」であるというわけです。

断食を行うと、その消化・運搬・吸収などの労力を減らしてくれます。そして、解毒（デトックス）となる排出に労力を費やせるというわけです。もちろん、断食は「毒」を身体から引き剥がすわけなので、身体にもそれなりの負担がかかります。その負担に耐えられる体力がやはり必要となってくるのです。

その意味でも、現代人には「ブレイク・ファスト」が大事なのだと思います。ここでの意味は、ファスティング（断食）をブレイク（壊す、やめる）するということ。夜ご飯を食べてから、内臓を休ませるような「プチファスティング」の時間を作り、そしてある時間が経ったらそれを「ブレイク」するのです。

例えば、18時に夜ご飯を食べたら、15時間ほどプチファスティングを行います。その間に消化や運搬は終わり、しっかりと排出までのエネルギーに力を注げているのです。そして、15時間が経過した9時に朝食（ブレイク・ファスト）を食べるというわけです。

最初の頃は、空腹感や食べたいという気持ちが苦しいかもしれません。しかし、その苦しい空腹感を受け入れることこそが、「タパス」のプラクティスとなるでしょう。無理に身体に負担をかけないで、毎日少しずつ解毒していくという実践（プラクティス）なのです。

『ヨーガ・スートラ』2章1節に登場したタパスというサンスクリット語の「タパ」とは、熱という意味を持っています。「あつい熱」は火傷をしてしまうような痛みを伴うということです。ここでは、空腹感という痛みですが……。

痛みという解釈だけでなく、実際に「あつい熱」は毒を消し去ってくれます。たとえば、外からウイルスが体内に入ったらどうなるでしょうか？　身体は無理やりに体温をあげて、高熱をだしてウイルスを消し去ろうとします。体温が平熱より1度高くなるだけで、免疫力が5倍も増えるというデータがあります。現代は、平熱が35度台の人が増えていますが、実は「ガン細胞」は35度台が一番増殖する温度なのだそうです。

空調などでいつでも快適に過ごせるようになった反面、身体を動かすことや筋肉量が減ったことで平熱が低下し、免疫力が下がって病気になっていく……。さらに、ガン細胞が増えやすい環境を自分が作りだしてしまっているのです。

身体は筋肉を動かすことで熱を作りだします。寒いとガタガタと震えますよね。これは、身体が筋肉を震えさせて熱を作りだしているからです。運動をしなくても体温を保つために熱を作りだしているのです。一日中なにもしなくても、実はエネルギーを使っているのです。

これを基礎代謝といいます。一般成人で、何もしないで家でのんびり過ごしていても生命を維持するために体温を保ち、男性で１５００キロカロリー、女性で１２００キロカロリーのエネルギーを１日あたり消費しているというわけです。

具体的にどのようなことにエネルギーが使われているのでしょうか。代表的なものでは、筋肉の活動に約19%、肝臓の活動に約27%、心臓に約7%、腎臓に約10%、さらに脳の活動に約20%、残りの約17%はその他の活動に費やされると言われます。大雑把に言ってしまうと、体温を維持するために、骨格筋20%、脳20%、内臓60%の割合でエネルギーが使われているのです。

このことから、体温を維持するために必要なエネルギーの大部分を占める内臓の調子を整えることが、いかに大事であるかが理解できると思います。現代人は、この代謝以外に、さらに大量の消化・運搬・吸収などの活動がプラスされることで、エネルギーを使ってしまいます。

このことからも、「プチ断食」をすることで、外から入ってくる食べ物を減らし、内臓の負担を軽くするだけでなく、内臓自体にも刺激を与えて元気にすることが大事であることがわかるはずです。

「タパス」のプラクティス

ここで「タパス」のプラクティスで最も代表的なものをやっと紹介することができます。

ヨーガスタジオでも多くの人々が実践している「ポーズ」ですが、タパスという練習の種類にも様々なものがあるように、「ポーズ」の練習にも様々なものがあることを理解していただけるでしょう。「体力」をつけて身体の「毒」を減らし、健康になるために必要な練習として「筋力」をつけるためのポーズ練習や、「内臓」を元気にするポーズ練習など、様々なものがあるというわけです。

自分の身体を支え、カラダを動かしていくのが「運動」です。伸ばしたり縮めたりして筋肉を動かしていくことで熱を作り出し、身体は強くなります。

これは、ヨーガの練習による「解毒」に耐えられる身体づくりとしての意味合いの方が強いかもしれません。もちろん、弱い部分が鍛えられると、筋肉痛と一般的に呼ばれる痛みが出てきます。そうでなくとも、普段動かしてなかった場所を動かしたり、刺激が加わると、今まで気づかなかった違和感や痛みがある場合もあります。

なぜに「痛み」がでてくるのでしょうか？

筋肉痛として身体に痛みがでてくるのは、その場所が「弱い」からです。その理由は、他の場所が強すぎるかもしれないし、全体的に筋力が弱いからかもしれません。

強くなるためには、何度も何度もその場所を動かさないといけません。強くなるためには、自分が受け入れることができるほどの適度の「痛みの量」で行なう必要があります。

筋肉痛の痛みの量が多すぎると身体をまた動かすのが嫌になり、動かないとまた筋力はもとに戻ってしまいます。

ある程度の筋肉痛があるのは仕方がなく、受け入れることも大事です。「痛み」から学べることもあるのです。また、この筋力をつけるという意味も2種類あります。基本的な「動作」を行なうために必要な大きな筋肉を扱う筋力と、動作を行なうために必要な深層筋、しばしばインナーマッスルと呼ばれるものです。

亀を見るとわかりやすいですが、胴体の甲羅から手足と頭がでてきます。同じように人にも、手足や頭がはえています。この四肢（手・足）や頭を動かすためには、根もとである胴体の状況が影響します。

胴体がずれてしまっては、手足は正確に出せないでしょう。この根もとを固定する力を強くすることを、「体幹を鍛える」と呼んでいるのです。マインドが活発に動くきっかけは、5つの感覚器官からの情報伝達ですが、日々の生活での手の動かし方からもマインドに大きく作用すると2章でお伝えしました。

タパスの練習の1つでもある「断食」においても、何かを口にいれるためには「手」を使いますし、そもそも食べ物を手に入れるためには「足」を運びます。「身体」と「マインド」は繋がっているので、身体の根もとである軸がぶれるとマインドもぶれてしまいます。マインド(頭)が硬いと(※)身体も硬くなるのと同じです。

(※)マインドが硬いという表現は抽象的ですが、ここではイメージで使用しています。

例えば、「しなくてはいけないけれども、やりたくない!」(怠惰な状態)というときのマインドの状態は、「タマス」であると言えます。

「もう満腹で食べれないのに、もっと食べたい! ケーキを全種類食べたい!」という状態のマインドは、「ラジャス」な状態です。

図５

「手」や「足」自体に適切な筋力を保つこともタパスのプラクティスの１つですし、手足の根もとなる胴体がぶれない筋力を保つこともタパスのプラクティスと言えるでしょう。

身体の中心である軸が固定された上で、身体の表面の筋肉が使われて手足を動かすとき、腕が伸びるとか足が伸びるなどの状態が生まれます（図５）。

これがいわゆる身体が伸びたという状態です。身体の軸を意識しないで、ただストレッチして身体をぐにゃぐにゃに伸ばすことだけをヨーガの練習だと思っている人が多いので、ここで紹介しておきます。

心肺機能を向上させるプラクティス

最後に紹介するタパスのプラクティスとして、総合的に「体力」「持久力」を向上させるものがあります。これは、ある程度内臓が元気なことと、先ほど登場した２つのタイプの筋力が使えている上で効果があります。

それは、「心肺機能」を向上させるプラクティスです。

心肺機能を向上させるとはどのようなことでしょうか？　身体を動かして筋力を使った時に、心臓は活動を始めます。少し小走りすると、心臓がバクバクと早くなるでしょう。

これは、心臓が弱いからそうなるのです。心肺機能が向上するとは、簡単に言うと「心臓」の血液を送り出す力が強くなることです。身体を動かしても心臓から血液が全身に快適に循環し、心臓がバクバクしはじめることはありません。

心臓がバクバクする。それは心拍数です。

先端の動きを作るためには末端である胴体を固定する力（体幹・コアの力）が大事になります。同じように、身体の先端の隅々まで血液を送りだす末端である心臓の強さが重要になるのです。

現代人がヨーガの練習をする（最初の）「目的（目標）」として、自分の身体を支えられる筋力があること、内臓が疲れていないこと（疲れていなくて元気な状態にすること）があります。

（その次の目標として）身体を動かしても心拍数が穏やかなままである「健康な状態」を手に入れること（あくまで理想です）、生命の誕生とともに最初に創造される心臓が元気であること、それこそが身体の生命エネルギーの源となります。

私のクラスでは最初に心臓の前で手を合わせることから始まります。心拍数への影響だけでなく胴体の中心部を意識することが大事だからです。さらに、最後も心臓の前で手の感覚を意識しながら呼吸とともに終わるようにしています。

ヨーガの練習が進むにつれ、より瞑想的な要素が高まっていきます。その準備として心肺機能が健全であることと脳のバランスが整っていることが必要とされるのです。

このように先を見据えながら「タパス」の練習を一歩一歩と深めていき、自分自身の身体とマインドから毒が抜けて、素の状態の質が高まっていきます。

クリヤーヨーガの次にあるようなラージャヨーガなどで登場する呼吸法（プラーナヤーマ）や瞑想法（ディヤーナ）などの練習は、練習方法が難しいというよりかは、自分自身という素材の質の高さを要求されます。

多くの人が実践している「気づき」の練習も同じです。「気づき」を起こすのではなく、「気づき」は素材の質の純度により自然と起こるのです。

こういった大前提を踏まえた上で、「タパス」なポーズの練習がスタジオでインストラクターによってされていくと、生徒さんの素の状態によって「気づき」が自然と生まれてきます。

段階的に練習がどのように深まっていくのかを知っているインストラクターからヨーガを学ぶ必要があるのは、こういった理由があるのです。

ヨーガのポーズの練習と言っても、内臓を元気にするという意味で見ると、練習する時に意識されるべき内容が変わってきます。内臓を元気にするポーズとは、内臓に良い刺激を加えていくことです。

それは、どのようなことをする練習なのでしょうか？

内臓によい刺激を与えるような状態というと、代表的なポーズは、「前屈」「ツイスト（ねじり）」「逆転」などが登場するでしょう。

「前屈」といっても内臓に刺激を与えていく前屈なので、腿の後ろを伸ばすことを最大限に意識する前屈とはならないので注意が必要です。

多くの人々が、身体が硬いのでヨーガができません……と言っています。

ストレッチ（身体を伸ばすこと）をする練習がいけないわけではないと思いますが、ストレッチは何のためにするのでしょうか？

自分が何をしているのか？　どのタイプの練習をしているのか？　その練習によって何がもたらされるのか？　それらを考えずに練習することは、せっかくの練習を台無しにしてしまいます。

やってみよう！PART3

内臓に刺激を与える前屈

多くの人がヨーガの練習で前屈をするというと、腿の裏側を伸ばそうとします。今回は、腿の裏を伸ばすのとは違う前屈をやってみましょう！

1．真っ直ぐ足を出して座ります。
2．足幅は腰の幅（股関節幅）ぐらいに広げます。
3．膝を曲げて足首（柔らかい人は足の裏のサイド）を掴みます。

4．掴んだ足を腕で引き寄せながら、腿と肋骨（お腹）がピッタリと合わさるように骨盤を足の方に傾けます。
5．余裕のある人は、前に出していた手で足を引き寄せて膝と胸がピッタリと合わさるようにします。
6．さらに、足と足の間（膝やスネの間）に頭を挟むように下ろしていきます（胸もギュッと縮む感覚があるはずです）。

答えはいつもあなたの近くに

このように紹介すると、多くの生徒さんたちから質問されます。「内臓に刺激を与える前屈と、腿裏をストレッチする前屈と、どちらが良いのですか？」とか「どちらをしたら良いのですか？」と。

答えは簡単です。どちらでも良いのです。練習の目的と効果はそれぞれ違うのですから。

現代人は残念ながらいつも正しい1つの答えを求めています。「どちらが正しいのですか？」「それは得しますか？　損しますか？」などなど。

答えはいつも遠方ではなく近場にあります。一番近くの自分自身の幸せのために何が必要なのか？　答えはおのずと見えてくるはずです。

何もかもが便利になり、単純な答えはネット上で容易に見つけることができる時代には、「ハタヨーガ」はますますその必要性を増すと思っています。

古代においては「脚力」は外敵から身を守るための大切な手段であり、「安全」を手に入れ「恐怖」を手放すものでした。時代が変わっても「普遍的」なことはあります。

それは、「脚力」がマインドの働きと密接に関わるということです。2章の図4（P.70）で紹介したマインドマップを思いだしてください。

繋がっている「身体」と「マインド」においては、身体が弱くなれば、マインドへの意識も弱くなり、マインドの揺れはより大きくなります。この「揺れが大きくなる」という点を分かりやすく説明すると、不安なことやネガティブなことが浮かんだり、迷ったり、大事なことを一生懸命考えられなくなるということです。

「雑念」という「毒」がマインドを暴れさせるのです。

大きく揺れるマインド……、弱い身体……、疲れた内臓……。現代人はそのような環境で歯を食いしばって生きています。

欲しい物を手に入れるために？　目標を達成するために？

理由は何であれ、揺れるマインドを抑え込もうと、身体をカチカチにして生活しているのです。マインドの働きによってカチカチになってしまった身体を緩めてストレッチをする理由は、身体を通じてマインドの悪い働きを緩めるためでもあるのです。

身体の柔軟性を高める「ヨーガポーズ」の練習は、神経系組織や結合組織の反応を活性化するという効果もありますが、神経系組織や結合組織の反応が鈍くなるのもマインドの悪い働きによるのです。

マインドの悪い働きとは、「ストレス」「不平不満」「悩み・葛藤」「うろたえ・動揺」「イライラなどの興奮状態」「苦痛・苦しみ」など。これは、すなわち『煩悩』なのです。

この『煩悩』については、次の章で解説します。『煩悩』について知らないと、ヨーガを練習することも、指導することも、その効果は半減してしまうといっても過言ではないのです。

第5章　ヨーガのプラクティス　その2

マインドの悪い働き＝『煩悩』の仕業。

前章の最後に触れた『煩悩』について、
どのようにしてそれを浄化させるのか。

誰もが『煩悩』に悩み苦しんでいます。
その影響を受けずに生きていくことは、
まさに不可能な時代が現代なのです。

大事なことは「自分自身とは」を探求した上で
克服するべきその対象について知り、
ヨーガの哲学に関する知識を学ぶこと。

「アーサナ」のプラクティスを通じて、
どのように『煩悩』と向き合っていくのか、
その秘密を紹介します。

知識の火で自己探求を深める

クリヤーヨーガは【煩悩】を弱めることを目的とする練習である。

『ヨーガ・スートラ』2章2節（一部より抜粋）

「心の毒」を浄化する（解毒する）ことが、クリヤーヨーガの要素であり、浄化とは『煩悩』を弱めることになります。

このように「心の毒」の話をすると、「早くヨーガの練習をして解毒したい！」と生徒さんから言ってもらえます。

クラスなどでは、その言葉が出た際にはいつもこのように問いかけるようにしています。

「では、あなたの心の毒はどのような毒ですか？」

するとポカンとした顔をして、「特に問題ありません。私は毎日を幸せに過ごしていますから」と返答されることが多いです。そして生徒さんはさらにこう言うのです。

「でも、もっと心を綺麗にしたいからレッスンは頑張ります！」

タパスな練習としてのヨーガレッスンは、身体を動かすので直接的に身体に作用して効果を発揮します。マインドマップにあるように、マインドの場所は身体の内側にあり、外の世界とは直接的に触れてはいません。

ただ、身体を動かしてヨーガしただけでは、「心の毒」は解毒されないのです。五感とともに身体を使ってこそなのです。

まずは、クリヤーヨーガから始めよう！　身体・マインド・魂のそれぞれの3層を磨いて毒素を減らす行為こそクリヤーヨーガである。クリヤーヨーガの1つはタパスである。あつい熱で持って毒を消し去るのだ。2つ目はスヴァディヤーヤである。知識の火によって自己の探求をすることだ。

『ヨーガ・スートラ』
2章1節
（一部より抜粋）

『ヨーガ・スートラ』の2章1節に新たな一文が加えられました。

マインドマップの2つ目の層であるマインドのクリヤー（浄化）は、「知識の火によって自己の探求をすることだ」とあります。

そして、「自己の探求」という言葉が登場しました。この「自己」とは「本当の自分」のことであり、マインドのある層のさらにもう1つ奥の層である「魂（本当の自分）」のことです。

「え？　どうやって？」と思われるかもしれません。そのためには、最初の部分が大事です。「知識の火によって」という点です。それは、すなわち学習することです。

身体の層とマインドのある層を学習することから、さらに奥の層を知ることが「自己の探求」と言えるでしょう。

マインドの層は見えない場所なので、P.70のマインドマップを眺めたり、2章の「マインドとは？」を読み返したりして学ばないと分かりません。目に見える表面の皮にあたる「ボディ」

を通じて、見えないマインドを理解していってもよいでしょう。
「知識」とは、この本に登場するような『ヨーガ・スートラ』や『バガヴァッド・ギータ』などの聖なる書物を学ぶということです。
ここまで読み進めている方は、順調に知識の火を燃やしているということになります。この「知識の火」が燃やす、マインドの毒である『煩悩』とはどのようなものなのでしょうか？
『ヨーガ・スートラ』は、それについてズバリと断言します。

自分自身が穏やかなマインドを手にいれる1つの方法がある。喜ぶ人と出会うならば、自分ことのように親しみを持って一緒に喜びましょう。

『ヨーガ・スートラ』
1章33節
（一部より抜粋）

この教えは、ヨーガ・スートラの1章33節の一部ですが、本当に素晴らしいもので、世界中のヨーガを練習する人々から賞賛されている教えです。

この言葉からは素晴らしいことを言っているように感じるのですが、人々の賞賛部分だけを見ていると理解は深まりません。

なぜなら、この教えは違った見方もできるのです。別の角度から見ると、このスートラは、「幸せそうな人と出会って、その内容を自分のことのように一緒に喜べないのであれば、心は穏やかにいることはできませんよ」というようにも理解できます。

「自分は幸せである。しかし、もっと幸せな人と出会ったり話を聞いたら、その人に対して友のように親しみで関われるでしょうか？　その人を羨ましいと思ってしまうのであれば、あなたは悩んだり不平不満を感じたりして、あなた自身の心はモンキーマインドになり、猿のように飛び跳ねてしまうのですよ」ということなのです。

我々は毎日の生活の中で誰かと出会い、誰かと関わり、誰かと会話をしています。その対話の中でマインドの揺れを増幅させることもあれば、穏やかにすることもあるのです。

それが原因ならば、誰とも会話をしなければよいと考えるかもしれませんが、そうはいきません。対話を通じて自分と向き合ってこそ、初めて幸せになることができるのです。

多くの人を悩ませる『煩悩』

もう1つ、『ヨーガ・スートラ』1章33節の一部を紹介しましょう。

> 自分自身が穏やかなマインドを手にいれる1つの方法がある。
> 悲しんでいる人と出会ったら、その人がどうして悲しんでいるかを理解してあげましょう。
>
> 『ヨーガ・スートラ』1章33節
> （一部より抜粋）

クリヤーヨーガの練習をまだ始めていない、いわゆる一般の人々の多くは、悲しむ人を見たら同情することが良いことだと思っています。

同情しながら相手と一緒に動揺してうろたえてしまう人がいます。悲しむ人を見て、悲しませた相手に対してイラつき怒りだす人もいるかもしれません。

同情することがいけないと言っているわけではありません。同情された相手には良いことだと思います。しかし、同情することで、自分自身が動揺してしまう可能性があるということを知らないといけません。

人は対人関係をどう扱うかによって、幸せにも不幸せにもなるのです。

このように、「苦しみのエッセンス」を自分自身に生みだします。このエッセンスを今まで「心の毒」と呼んでいました。

マインドの動きを特に過剰にする「毒」とは、対人関係によって生まれる「ストレス」「不平不満」「悩み・葛藤」「うろたえ・動揺」「イライラなどの興奮状態」「苦痛・苦しみ」など表現は様々です。

マインドの揺れを大きくして「苦しみ」をもたらす「毒（障害）」のことを、ヨーガの世界では、『煩悩（クレーシャ）』と呼んでいます。

ここで例に出して紹介した２つの『煩悩（クレーシャ）』についてまとめておきましょう。

快楽に執着することで毒（苦しみ）をもたらす欲望（ラーガ）は、煩悩の１つである。

『ヨーガ・スートラ』
２章７節
（一部より抜粋）

他人の善い状態を羨ましいと思い、「自分もそうでありたいな……」と楽して心地よい状態へ行きたいという気持ちに執着することを、「欲望（ラーガ）」と言います。

何かを望むことは決して悪いことではありません。生きるために食べものを欲する自然な願望、すなわち欲望を「ラーガ」と言っているわけではなく、周りからの「ラジャス」や「タマス」な影響により、必要以上に食べたいものを欲してしまうマインドの働きのことを言っています。

嫌なその経験は過去のものなのに、今起きているかのように再現して毒（苦しみ）をもたらしてしまう。その嫌悪（ドヴェーシャ）するマインドの働きも煩悩の1つである。

『ヨーガ・スートラ』
2章8節
（一部より抜粋）

過去に何かに失敗をしてしまったり、思い通りにいかない経験をしたりすると、その嫌な経験を思い出してしまいます。何度も何度も過去の経験を、「今」起きているかのように再生するたびに「苦しみ」は倍増していきます。

P．126の『ヨーガ・スートラ』の2章2節にあるように、クリヤーヨーガでこれらの煩悩という毒を減らす必要があることがわかってきましたでしょうか？

2章で登場したマインドマップの構造（P．70）から、マインドに課せられた働き（仕事）は「外の世界を知ること」であるとお伝えしました。我々が無意識に呼吸しているのと同じように、マインドは無意識に外の世界へと働いて『煩悩（クレーシャ）』を増やしていくのです。

やってみよう！
PART4

マインドマップの説明のある2章を読み返してみよう！

マインドマップにある「皮（ボディ）」「実（マインド）」「種（ソウル）」という構造と外の世界との関係から、マインドは煩悩を増やすように無意識に働いています。

煩悩という毒は対人関係から、または過去の記憶から強まっていくのですが、普段はフタをされて見えなかったり、見ないようにされていたり、忘れさられていたりします。

前章では、『煩悩』に気づくことなく、「特に問題ありませんよ。私は幸せに毎日過ごしています」と返答される生徒さんの話を紹介しましたが、実際にはありえない話なのです（こういった方をフォローするわけではないですが、『煩悩』についてもその種類は数多く、ここで紹介しているものが当てはまる『煩悩』ではなかったのかもしれません）。

さあ、ヨーガで閉じてしまった心のフタを全開にしよう！

『ヨーガ・スートラ』1章1節（一部より抜粋）

実際、多くの人々が『煩悩』である「苦しみ」を抑え込んでいたり、誤魔化したり、見て見ぬふりをしたりするのが習慣になってしまってます。だからこそ、心のフタを開くことから、ヨーガは始まるのです。

「スヴァディヤーヤ」の実践

さて、ここまでお話をすると、２つ目のクリヤーヨーガの実践となる「スヴァディヤーヤ」も大事であることがわかると思います。

「スヴァ」とはサンクリット語で〝自己（本当の自分）の〟とか〝自身の〟という意味で、「ディヤーヤ」とは「ディヤーナ」と同意語であり、〝見つめる〟とか〝探求する〟という意味なのです。ハタヨーガを知っている人は「あれ？」と思う方もいるかもしれません。

「スヴァディヤーヤって、私の読んだ本には『読誦（どくじゅ）』って書いてあった気がする。読誦って『マントラ』を唱えることだったけどな……」

そのように思われるかもしれません。『マントラ』とは、日本では「真言」と書かれて説明されます。真の言葉であるサンスクリット語でつづられた文章のことです。

マントラというサンスクリット語は、考える人（ｍａｎ）の語源とも言われる「マン（マインド）」と、運んでいく（ｔａｋｅ）の「トラ」で構成された、心の揺れからある所（マインドの揺れの影響の無い静かな所）へ運んでいくという意味を持ちます。

その意味から、「チャンティング（マントラを唱える）」や、「ジャパ（マントラを繰り返し唱える）」などの読誦のプラクティスのことを、「スヴァディヤーヤ」と呼んでいるのかもしれません。

この聞きなれない『読誦』という漢字2文字の表現は、ブッダが亡くなってから500年ほど後にブッダを神聖化してできた「大乗仏教」の1つのスタイルで使われ、ブッダ神への称賛の言葉が書かれたお経を読み上げる練習として用いられてきたものです。

『ヨーガ・スートラ』に登場する「スヴァディヤーヤ」としては、本来のサンスクリット語からの解釈になるため、少しニュアンスが異なります。

「自己（種：スヴァ）の探求（ディヤーヤ）」を、身体（皮：ボディ）と心（実：マインド）の探求を通して学んでいくことにより、自分の属性に合った「神聖なるもの（イシュタ・デェーヴァター）」を発見することができるのです（『ヨーガ・スートラ』2章44節に記載）。

「社会の影響」という毒が染み込んだ身体と心を、タパスにより浄化するだけでなく、身体について学び知識によって健全な状態へと導き、マインドも同じように多くの経典の学習から煩悩を減らしていくことによって、自分自身の純粋な特徴が見えてくるのだと思います。

インドの神々はそれぞれの特徴を持っています。自分自身の特徴とぴったり合う神を見つけることができたら、自分の化身として親近感とともに感謝したり祀ったりしてもいいかもしれません。自分と相性のよい山や海や川などの大自然や神聖な場所がおのずと分かりはじめるので、たびたび訪れても良いと思います。

自分のルーツを探求するために歴史を学ぶことも、「スヴァディヤーヤ」と呼んでもいいと思います。

ブッダを称賛するタイプの仏門に入った人々にとっては、すでにブッダ神がいるので、自分自身の探求というよりはブッダ神を褒めたたえるマントラを読み上げたり（読誦）、ブッダの教えを学ぶことを「スヴァディヤーヤ」と呼んでいるのかもしれません。

ヨーガ初心者が最初にするべき練習であるクリヤーヨーガの2つ目の「スヴァディヤーヤ」とは、『ヨーガ・スートラ』『バガヴァッド・ギーター』などの経典を学ぶことや、煩悩について学ぶなどのヨーガ哲学に関する知識全般を勉強することとなります。その意味においては、サンスクリット語やマントラの意味を学習することも含まれているのです。

「アーサナ」の意味とは

ヨーガスタジオで行われているハタヨーガのプラクティスで、最も代表的なプラクティスとして「ヨーガポーズ」というものがあります。

クリヤーヨーガのタパスとしてのプラクティスの話は前章にてお話ししましたが、この章では「スヴァディヤーヤ」の要素にフォーカスした「ヨーガポーズ」のプラクティスを紹介していきます。

「スヴァディヤーヤ」の練習として、「言葉の意味」を知ること。その意味について考えることが大事だということには触れました。

「ヨーガポーズ」と訳されるサンスクリット語は、「アーサナ（asana）」と呼ばれています。

体力や筋力をつける目的においては「ヨーガポーズ」という意味だけで練習するのは良いでしょう。

「立位」の練習であれば、見よう見真似でやっても脚力などはある程度つくでしょう。ピンと来ないのであれば、少し長めに維持（ホールド）してみてください。脚力が必要なことがわかるはずです。

マインドの揺れ（働き）という『煩悩』を浄化（クリヤーヨーガ）するという意味での「ヨーガポーズ」ですと、その練習内容はまた変わってきます。

「アーサナ（ａｓａｎａ）」の意味に戻りましょう。このサンスクリット語の意味は、「座る」または「座る場所（席）」と訳されます。座っている姿勢（ポーズ）そのものを指す場合もあります。

この漢字の成り立ちから、そこに込められた意味を見つけることができます。「座る」という字から屋根をとると「坐る」になります。「坐る」という字は「土」の上に「壁」を挟んで「人」と「人」が向き合っています。アーサナとして坐るとは、「人」が「スヴァ（自分自身や本当の自分）」

を「ディヤーヤ（探求する・見つめる）」というわけです。

これは「坐禅」なのでは？　そう思う人もいるでしょう。そうです、「坐禅」とはヨーガの練習のひとつのテクニック（技法）なのです。しかし、ハタヨーガにおいては「坐禅」や「瞑想」といった練習は、クリヤーヨーガによって『煩悩』が少し弱まってから行うことを勧めています。

アーサナの練習の中に瞑想の要素が無いわけではありません。そもそもアーサナの練習には、呼吸法や瞑想などの練習の要素は、その準備の要素が含まれているのです。

そこで登場するのが「身体の感覚」です。2章では、「手」を使うことや「足」を使うことがマインドの揺れに作用しているという話がありました。そして、「手」を使うということは腕の筋肉を動かすことであることもお伝えした通りです。さらに、4章で登場したように腕の筋肉を動かすとは、腕自体の筋肉を使うことと、腕の根元である胴体の筋肉を使うことだともありました。

ただ無意識に「手」を伸ばすと、図6-1のようになります。手先の1点だけに意識が向いている状態です。一方で、「手」の先端から「胴体」の根元までの2点を意識すると図6‐2のようになります。2点を繋ぐ「線」が生まれるのです。

この「線」のことを、ヨーガでは「ナディ」と呼んでいます。

「ナディ」とは「プラーナ」の通る道のことです。「プラーナ」とは「活力」と呼ばれています。まさに「手」から「胴体」、「胴体」から「手」へと活動する力（エネルギー）のことなのです。図6‐3では、流れる力（エネルギー）がはっきりと「線」で見えると思います。

図6‐2と3では、流れる力である「プラーナ」をわかりやすくするために、とても重い石と高価な宝石（ダイヤモンド）で例えてみました。

図6-1

図6-2

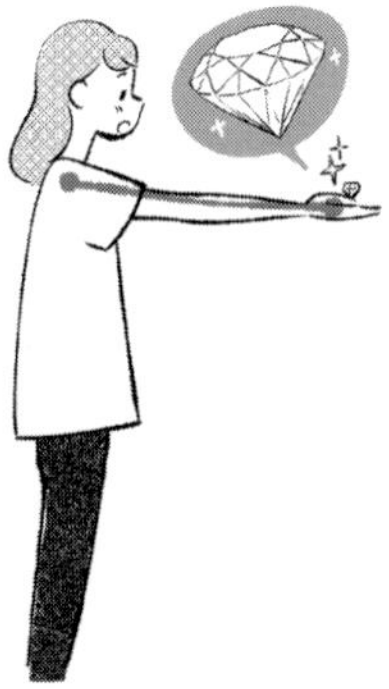

図6-3

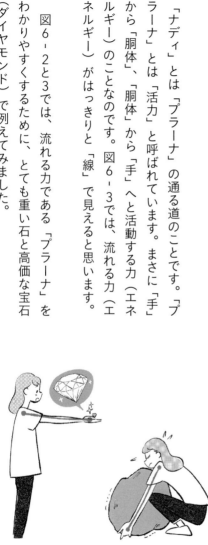

図７

身体の中の「ナディ」を知ろう

ヨーガの世界観では、人の身体には7万2千本ほどの「ナディ」が通っていると言われます。その活性化したエネルギーが特に集まっている場所に特化して行う練習が、ハタヨーガです。両手と両足へと流れる４本の「ナディ（線）」がとても大事になってきます。

「先端」と「根元」の双方をともに意識して初めて「線」を描くことができて、「活力（プラーナ）」を意識することができます。「感覚」においてこの「線（プラーナ）」を意識することと、自分自身（スヴァ）を見つめる（ディヤーヤ）ことは、２つ目のクリヤーヨーガとなるのです。手足に流れる４本の「ナディ」が、上下左右に向いていくとさまざまな「線」を描き出しますが、ここで図7を見てください。
「あっ！」と気づかれた方もいるかもしれません。手足の活力（プラーナ）が流れるナディの「線」が創り出す形が、まさにポーズである「アーサナ」を表現しているということに！

やってみよう！ PART5

「トリコナーサナ」

脚の意識編（図8参照）

1. まっすぐ立った状態からはじめます。
2. 右足を踏み出して両足を広げます（だいたい自分の脚の長さ幅で……）。
3. 踏み出した足の足首を90度外へ回転させます。
4. 両足でしっかりと踏み込んで「脚・全体」の力の流れを意

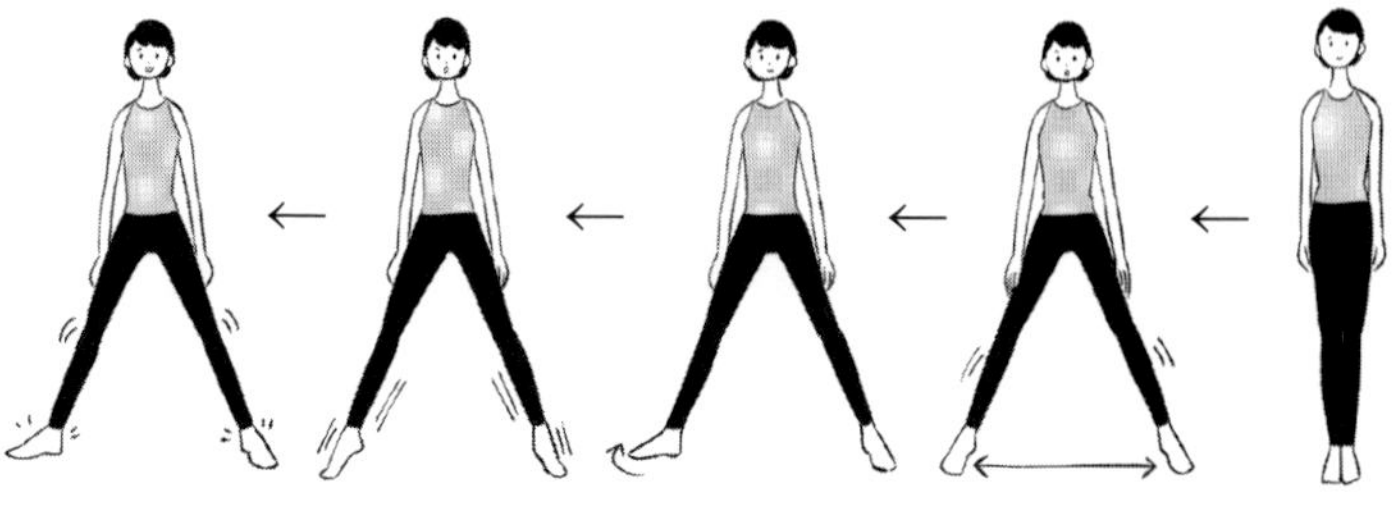

図8

識します（足の裏やかかとなどは感覚を見つけるかもしれませんが、「脚」全体には無感覚かもしれません）。

5．次に両足の「かかと」を（5秒ほど）上げてみます（身体が前につんのめりになりそうになるかもしれませんので、お尻を引き締めます）。

6．お尻を引き締めたまま「かかと」を下ろします。

7．「脚・全体」の力の流れをもう一度意識します（今度は先程と違い、足の裏から脚全体に感覚があるのを探求できると思います）。

腕の意識編　その1（図9参照）

1〜3までは脚の意識編と同じ

4．両腕をサイドに広げます。

5．肩から手までの感覚に意識を向けます（腕の重みぐらいで「線」のような力が流れる感覚はないでしょう）。

6．肩と肩をギュッと寄せてみます。

図9

7. 肩を寄せ合った状態で手の指先を突き出してみます。
8. 「腕・全体」を感じてみてください

腕の意識編 その2（図10参照）

1〜3までは足の意識編と同じ。
4. 両腕をサイドに広げます。
5. 肩と肩をギュッと寄せてみます。
6. 伸ばした腕の手首を90度返します。
7. 肩は寄せ合ったまま、手のひらで見えない空気の壁を押し出すように、手のひらを突き出します。
8. 「腕・全体」の力の流れを意識してみます。

腕は脚と違い体重という負荷がかかっていないので、「筋力」がなくて感覚を見つけづらい方もいるかもしれません。その場合はこちらのやり方をやってみるとよいかもしれません。

図 10

「仕上げ編」(図11参照)

1〜4までは腕の意識編と同じ。

5．4本（手脚）にある感覚を意識します。

6．身体を右側へと傾け、右手を右足へと近づけます(右手の指先が脚のどこかに触れたら体重をかけずにそのままでいます。指先が脚までいかない場合は、そこまでで大丈夫です)。

7．そのまま身体の感覚と共に5〜10呼吸します。

8．身体を真っ直ぐ立った状態に戻して目を閉じて、身体に存在する感覚を、身体にある感覚の余韻を意識してみます。

「トリコナーサナ」をやってみてどうだったでしょうか？「手」から「腕」を通じて「胴体」まで、「足裏」から「脚全体」を通じて「胴体」まで、「線」として流れる生命活動力（バイタルエナジー）を感じることはできましたか？

それをちゃんと感じることができたら、さらに4本をつない

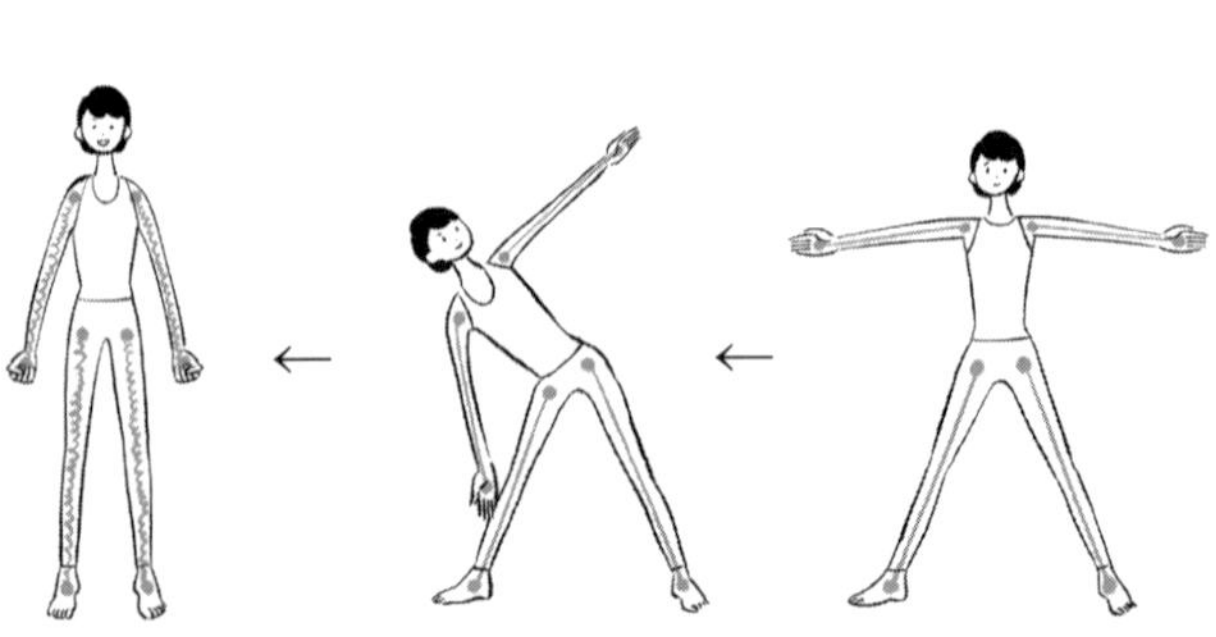

図11

で自分自身（スヴァ）を探求（ディヤーヤ）することで新しい「線」の存在に気づくことができるでしょう。

この4本の「活力（プラーナ）」の線は繋がるのです。さらに、胴体の中心軸の「線」を加えると図12のようになります。この「線」に力が流れるということは、胴体を通過して「プラーナ（活力）」が流れていくということです。

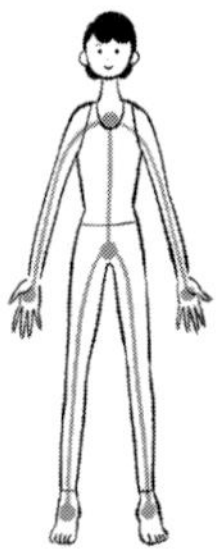

図12

プラーナが流れていくのが意識された腕と脚に通る4本のナディから、胴体の中心に流れるナディへと感覚を繋いでいくと、胴体にある生命活動を保つために大事な内臓が集まったエリアのナディにも刺激が影響していきます。

これは「タパス」的なクリヤーヨーガの練習といえます。この胴体にあるプラーナの通り道である活力の流れる線は、ハタヨーガでは最も重要なナディなのです。

「プラーナ」を制するために

ハタヨーガの経典の1つである『ハタヨーガ・プラディピカー』にはこうあります。

> **身体の中には7万2千本の活力（プラーナ）の通り道（ナディ）がある。**
>
> 『ハタヨーガ・プラディピカー』4章18節（一部より抜粋）

今まで登場してきた身体の中にある「ナディ」とは、具体的には身体のどこを指しているのでしょう？　4章で登場した「不調」を解消するためにクリヤーヨーガがあるという話を思い出して欲しいです。

タパスという練習や、スヴァディヤーヤという練習が、「不調」という負の連鎖を解消していくのです。2章の図1（P.63）にあるように、「身体」という層と「マインド」という層に働きかけることで、「不調」が解消されるというわけです。

マインドマップの一番外側の層である「身体（ボディ）」の層は、頭・胴体・手脚などを構成する骨や筋肉・皮膚があり、さらに内臓などの臓器も含んでいます。

これらの各場所に活力（プラーナ）を運び、それぞれを繋いで「線」のように流れて各場所を繋いでいるのは、神経、血管、リンパ菅、筋肉、筋膜、腱や靭帯などの筋（すじ）などです。これらこそまさに、活き活きと生きるためのエネルギー（活力／プラーナ）を運んでいる部分といえるでしょう。これらの繋がりが作りだす「線」のような道（ナディ）が全身に７万２千もあるということです（中医学などで登場する、氣の通り道の経絡と考えてもよいかもしれません）。

よくわからない物として「ナディ」という物をヨーガの練習でまったく扱わないのではなく、どのようにわかりやすく理解して練習で活かしていくかが重要なのです。

身体の生命力である活力（プラーナ）の部分と、部分の繋がりである「線（ナディ）」が分断されてしまい、プラーナの巡りがない状態が「不調」になるわけなので、身体のナディの繋がりをいかに取り戻すかがクリヤーヨーガの目標だということです。

頭・胴体・手脚という部分も、関節を境目に分断されていると見れます。分断されているのを繋いでいるナディが、筋肉・筋膜・腱・靭帯であり、細かくみると神経・血管・リンパ菅などがあります。

1本の腕でも、指の付け根、手首、肘という関節でプラーナの流れは分断されます。「やってみよう！　PART5」の腕の意識編（その1）で、手を横に広げても指先から胴体の根元までの腕の1本のプラーナの流れを感じづらかったと思います。世の中が便利になって重い物を日常的に持たなくなったこともあり、腕にあるそれぞれの関節でのプラーナの流れが分断されてしまっているのが習慣化されているのです。

図10にあるように、腕の根元（肩・肩甲骨）を身体の中心へと引き寄せた上で、手を突き出すと「腕（指先から胴体の根元まで）」の感覚を見つけやすかったはずです。

腕に「在る」プラーナの感覚を探求していくために筋肉・筋膜・腱・靭帯・骨・関節・血管・

リンパ菅・神経などのナディを扱っていき、さらには、胴体、頭、他の手脚とのナディとの繋がりも探求していくのがアーサナという技が深まっていくということなるのです。

プラーナへの意識を支配するものは、身体の不調をもたらすようなマインドの働きを制する、マインドの働きを支配するものはプラーナを制する。

『ハタヨーガ・プラディピカー』4章21節（一部より抜粋）

プラーナを制する（支配する）とは、プラーナの通り道である「ナディ」を制する（支配する）ことで、ナディを制する（支配する）とは、関節を繋ぐ筋肉・筋膜・腱・靭帯の感覚を、神経を通じてはっきりとつかむことであったり、血流やリンパの流れを意識することです。

このように説明すると、「アーサナの練習をするときに身体の伸びる感覚を意識できてます！」とか、「腕を伸ばすときに、その伸びている場所に感覚を感じているのでプラーナを意識できているのでは？」と言われます。

最初のころのアーサナの練習は身体の伸びやすい場所だけを感じることから始めても良いで

しょう。そこから始まり、身体の伸びやすい所にある部分的な感覚から全体的に意識できるように、点を繋いで「線（ナディ）」とするように広げていくのです。

ナディの一部分から全体へと感じとれる範囲を広げて、そのエリアを制圧して（支配して）いくことで自分の作りだす身体の姿勢が変わっていきます。

身体がいかに伸びるか？　身体が柔らかくなったか？　などの練習から、ナディをどの様に繊細に意識していったか？　意識できたか？という アーサナの練習をすることが、マインドの働きへと良い影響をもたらすアーサナの練習といえるのです。

重視される14本の「ナディ」

「やってみよう！　PART5」の仕上げ編では、クリヤーヨーガのタパス・スヴァディヤーヤ、その両方の要素がある「アーサナ」の練習として、それぞれの腕（手から胴体）と脚（足から胴体）の４本のナディを「意識」した上で「アーサナ」をするいうやり方を紹介しました。

感覚という「カラダ」にあるナディと、そこへと意識を向けるという「マインドの働き」が直接的に関わる微細な部分に属するナディがあり、それぞれが密接に関わっています。

そもそも、７万２千本ものナディが身体にあるという紹介の仕方が問題なのでしょうか？

本数が多すぎて手に負えないという理由で、ハタヨーガのクラスではナディという言葉すら登場しないのでしょうか？　そうであれば、あまりにも残念です。

実際の所、ハタヨーガのクラスで身体を使って練習する場合には、先ほどのそれぞれの腕と脚の４本のナディのように、扱うのはほんの少しの「ナディ」だけなのです。

ヨーガの練習においては「14本のナディ」が重視されています。それは、簡単に言うと全ての中心となる臍の下の部分（日本でいう臍下丹田）から、身体の全ての穴に通じているものです。

掌や足の裏も熱交換されている場所なので、穴のようなものととらえても良いかもしれません。

マインドが働く（知る・認識する）ための動力源となるのは5つの感覚器官だというのは4章で登場しました。

視覚である2つの目、聴覚である2つの耳、臭覚である2つの鼻腔、味覚である舌のある口。これらの7つの穴こそが、生きるために必要な活力（プラーナ）が多く通る代表的な「ナディ」たちで、さらに触覚である4つの「手足」の感覚を合わせることで、5つの感覚器官へと流れる11のナディが登場したことになります。

大事なのは全部で14本なので、残りはあと3本。最も重要なものの前に、2つを紹介しましょう。

それはデトックスに必要な身体の老廃物を外へ出すための2つの穴です。尿道へと繋がるナディと、肛門へと繋がるナディです。

そして、「腕」と「脚」それぞれを繋ぐと最も重要な最後の1本が見えてきます（図13）。こ

図 13

れが、ハタヨーガの練習で最も意識されるべきプラーナの通り道である「スシュムナー・ナディ」です。

神経の中でも生命維持にもっとも重要とされる「中枢神経」と同じで、身体の中心を真っ直ぐ走ります。

「腕」と「腕」のナディをしっかり意識して「アーサナ」をすると身体の中心に走る感覚を意識できると思います。さらに、身体を縮めたり反らしたり、または捻ったりする動作からも「スシュムナー・ナディ」を意識して刺激を与えることとなるでしょう。

ナディとは、筋肉・筋膜・腱・靭帯・骨・関節・血管・リンパ管・神経などのことで、生きていくために必要なエネルギー（活力＝プラーナ）を繋ぐ通り道であると説明してきました。

ここでもう一度、読んでみましょう。

プラーナへの意識を支配するものは、身体の不調をもたらすようなマインドの働きを制する、マインドの働きを支配するものはプラーナを制する。

『ハタヨーガ・プラディピカー』4章21節（一部より抜粋）

この『ハタヨーガ・プラディピカー』にあるように、ナディをできる限り意識することがハタヨーガの練習の醍醐味ではないでしょうか。

カラダの全ての不調をつくりだしている原因はマインドの揺れであり、マインドの揺れと大きく関わっているナディは、全身にある7万2千本のうちたったの14本でした。14本のうち最も大事な3本といえば、胴体の中心を通る「スシュムナー・ナディ」と鼻の右側の鼻腔へと通じる「ピンガラ・ナディ」、左側の鼻腔へと通じる「イダー・ナディ」です。

これらのピンガラとイダーという線（ナディ）は、スシュムナーと同じで、背骨の根元であり仙骨の先端である尾骨から始まっていると言われます。

このイダーとピンガラの2本は右と左に別々に螺旋を描きながら交差し、上へと上がってい

図14

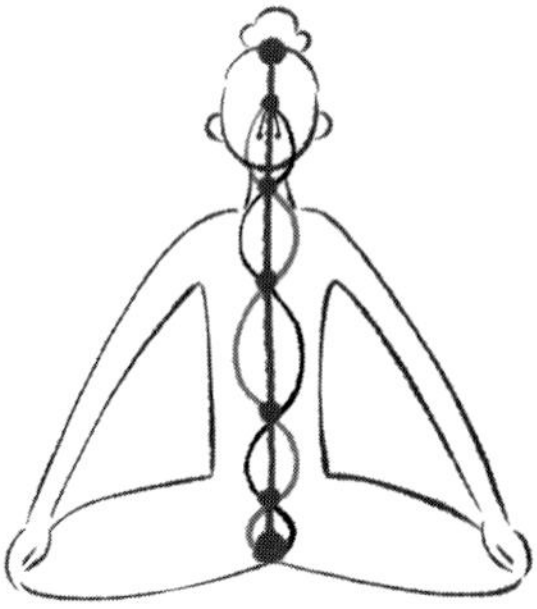

きます（図14）。

実際に図のようにあるかどうかは別として、真ん中を走る「スシュムナー・ナディ」は生命維持としても大事な中枢神経であり、「イダー・ナディ」と「ピンガラ・ナディ」は自律神経を表しているといいます。

そして、この3本が交差する場所は、一番活力（プラーナ）が活発に行き交う場所であると考えることができます。その場所には、プラーナを知恵や考えることで使う「脳」、コミュニケーションや体調のためにプラーナを多く使う「喉（声帯・甲状腺・扁桃腺など）」、全身に血液を送り出す「心臓」、食べたものを身体が吸収できるように分解（消化）する「胃」、生命誕生や生命力と関わる「子宮」、排泄と関わる「腸や肛門」など、身体の中でも特に大事な場所が配置されているのです。

これらのナディが交差する場所を「ナディセンター」と呼ぶことにします。

P.120の「やってみよう！　PART3」（膝曲げ前屈）のプラクティスもそうですが、ハタヨーガにおける「アーサナ」の練習でまず扱われるべき場所は、最も大事な胴体にあるこれらの3つのナディ（スシュムナー、ピンガラ、イダー）です。

胴体への刺激と、両鼻での呼吸となりますが、その効果を高めるために手脚を使うことも重要になってきます。すなわち、手脚へと流れる4つのナディです。

「アーサナ」の種類が多種多様なのは、これらの7本のナディ（スシュムナー、イダー、ピンガラ、両腕、両脚）への刺激がそれぞれ変わっていくからです。ある場所はアクティブ（ラジャスな状態）になっていたり、ある場所は使われていなかったり（タマスな状態）しながら全体としてサットバな状態へとプラーナを制していくわけです。

「やってみよう！　PART5」の「仕上げ編」で紹介した練習は、手脚がそれぞれかなりラ

ナディセンター

14のナディがそれぞれ交差するような「ナディセンター」が身体にはいくつもあります。ツボと呼ばれたり、急所と呼ばれたりします。道路でも交差点は便利ですが、事故が起こりやすく危険でもあるのです）

ジャスな状態が強いことがわかると思います。この状態から、どうしたらアーサナをサットバな状態へと導けるのでしょうか？

ここで先ほど登場した、「イダー・ナディ」「ピンガラ・ナディ」の２本のナディが重要になってきます。それぞれ左鼻腔、右鼻腔から始まる「呼吸」への意識がアーサナをサットバなものへと導くのです。

次の章では「呼吸」とはどういったものなのかをお話ししたいと思います。

第6章　呼吸のプラクティス

「ナディ」について知ったことで、
「呼吸」に対する意識が高まりました。

日頃行う「アーサナ」を決定づけるのは
いつだって「呼吸」が鍵を握ります。
ヨーガと呼吸は切り離せないものです。

しかし、我々は生まれてからこのかた
当たり前のように行っている「呼吸」を
上手く説明できるわけではありません。

呼吸のメカニズムを理解すること、
呼吸についての知識を身につけること。
それからプラクティスを行いましょう。

スピリチュアルとしての「呼吸」

私たちの最も身近にあるスピリチュアルスポットはどこだと思いますか？

近くの神社やお寺でしょうか？　ならば、どうして神社やお寺をスピリチュアルスポットだと思うのでしょうか？

スピリチュアルスポットとして扱われるような、神聖な場所や神木というものは、何百年もその場所に存在していることで、その周辺で暮らす人々の集合意識が「その場所が長いこと安全で守られている場所であると認識することで生みだされてきました。

これは地震・災害などの天災や、火事や争い事のような人災などに巻きこまれずに存在して「平和でそこに在る」という究極の証明なのです。

「呼吸」が「スピリット」を意味するものとなっているのも同じ理由からでしょう。

生命の誕生より、この文章を読んでいる今までも、ずっと長く在り続けている「吐く」と「吸う」という呼吸。

しかも、自らの意思ではなく、なにか神懸かった力の影響があるかのように自発的に繰り返されている呼吸を、スピリット（ラテン語でスピリタス）と呼んだのだと思います。

今まで何度も登場していているプラーナ（活力）にも呼吸の意味があります。

ヨーガの練習で、アーサナの練習と同じくらい大事なのが「呼吸への意識を向けること」です。

生まれてからずっと繰り返して行っているにも関わらず、我々は呼吸についてあまり詳しくありません。当たり前のように寝ている間も無意識に吸ったり吐いたりを行っているので、呼吸について特に考えないからでしょう。

「さて、呼吸についての質問です。我々はどうして、吸ったり吐いたりできるのでしょうか？」と、質問をすると多くの方々が曖昧な返答をします。「空気が勝手に口を目指して入ってきているわけではありませんよね？」と私はよく冗談をクラスで言うのですが、この機会に一度立ち止まって、呼吸をあれこれ扱っていくような「呼吸法」以前に、呼吸それ自体について考える必要があるのです。

身体が「吸うという動作」のために動くから息を吸えるし、「吐くという動作」のために動くから息を吐けるわけです。そうです、身体の動作がなされる場合に動くものは、いつも「筋肉」です。

ヨーガの指導をしていると、「呼吸が浅い感じがするのですが、どうしたら深くなりますか？」と質問されることがしばしばあります。

呼吸法として解決策を考えると、「呼吸のやり方を間違えているのでは？」と思いがちです。しかし、呼吸を深くする特別な方法などありません。

呼吸をするための「筋肉をどうするか」と考えた場合、「どの筋肉を使うのか？」「筋肉の力が強いのか？　弱いのか？」という話になり、筋肉の働きとして呼吸をとらえることで正しく深まっていくのです。

呼吸にとって重要な横隔膜

それでは、呼吸を行なうために使う主要な筋肉はどの部位でしょうか？

1に横隔膜、2に横隔膜、3に横隔膜です。

横隔膜は、胸部のスペースと腹部のスペースを分けるドーム状の筋肉です。胸骨の内側から下方（7番〜12番目）の肋骨、および腰椎（背骨の腰のあたり）上部に付着しています（図15参照）。

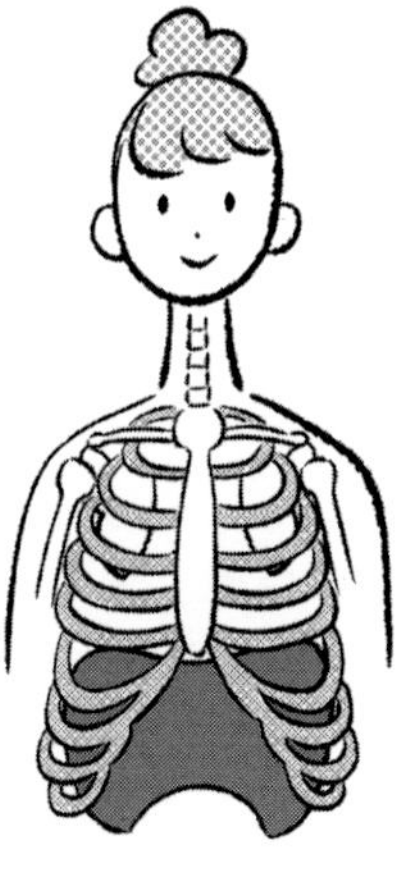

図 15

横隔膜が使えているときは、肋間筋、腹横筋を中心とする腹壁、骨盤底、腰部の深い安定筋と共同で働いていきます。

息を吐く時、横隔膜は緩るみ、息を吸う時、横隔膜は収縮します。

そうです。しつこいようですが、横隔膜は筋肉なのです。

吐いている間は横隔膜は緩んで広がり、胸郭（胸の中央）内へとドーム状に引き上げられます。息を吸う時は、横隔膜に求心性（短縮性）収縮が起こり全体が低くなり、腹横筋には遠心性（伸長性）収縮が起こり、腹腔内圧を高めています。

肘を曲げたり伸ばしたりして筋肉を収縮させることを等張性収縮と呼びます。一方で、自分の胴体側（中心）に近づけて縮めることを求心性（短縮性）収縮と呼び、遠ざけて縮めることを遠心性（伸長性）収縮と呼びます。

やってみよう！
PART 6

横隔膜エクササイズ

1. 仰向けに寝転がります。
2. 両膝を立てましょう。
3. 右手をおヘソの上あたりに置きます。
4. 左手を胸の上あたりに置きます。
5. 深呼吸をしながら、右手（おなか）に膨らみが来るか？　左手（胸）に膨らみが来るかを観察します。
6. 左手に膨らみがあるのを見つけたならば、膨らまないように左手で少し抑えます。
7. しっかりと吐ききったら、右手を押し返すように吸う呼吸でお腹を（風船が膨らむように）膨らませます。
8. 右手を出来るだけ高いところまで上げるように膨らませていきます。
9. 吐く呼吸の時はカラダは特に何もしようとせずに、リラックスして吐ききります。
10. 慣れてきたら手の平で押し下げるような少し強い負荷をかけても良いでしょう。
11. 手の平を一番高いところで一瞬止まるようにすると、お腹に圧力がかかっているのを手の平に感じれるかも知れません。
12. 5分ほど繰り返します。

呼吸を普段している時は無意識に吸ったり吐いたり出来ているだけに、呼吸をすることが筋力エクササイズであると言われると、驚いたり中々受け入れられない人もいます。

毎日5分でいいので、この「やってみよう！　PART6」の横隔膜エクササイズを継続すると、みるみると横隔膜の筋力が育っていくのを実感できるはずです。

慣れてきたら手の平の重さよりも辞書のような重い本を使って負荷を高めてもよいかもしれません。

このエクササイズをしているとお腹のあたりがポカポカと暖かくなってくる事に気づくかもしれません。胴まわりにかかる圧力が熱を生みだしているのです。

熱を生みだす練習！

そうです。これはクリヤーヨーガのタパスの練習なのです。

それでは続いて「呼吸」そのものの働きについて考えてみましょう。

呼吸が寝ている時も意識しなくとも活動できているそもそもの理由とは、いっときも休んではいけないからです。呼吸をすることで身体は休まずに活動し、酸素を全身へと巡らせています。

ポイントから先にお伝えすると、吸うことで「酸素」を手に入れ、吐くことで「二酸化炭素」を排出するという「酸素と二酸化炭素の交換」こそ、呼吸そのものの働きです。

吸い込まれた空気は気管を通って肺に入り、枝分かれした気管枝の先にある肺胞でガス交換が行われます。この肺胞の表面積の合計はテニスコート半分くらいの広さがあるというので驚きです！　鼻の奥で湿った空気がゆっくりとテニスコートの表面を這うように流れていくのを想像して欲しいです。

肺という名前のテニスコート半分のサイズの表面でされている酸素と二酸化炭素の「ガス交換」の、「反対のガス交換」が全身の毛細血管でされていることに注目する必要もあります。

「呼吸の働き」であるガス交換は、肺と全身の毛細血管の2つ場所でされているわけです。

しっかりと呼吸ができていない現代人は酸素不足に陥っていると言われます。

しっかりと呼吸ができていない現代人は酸素不足に陥っていると言われています。脳の酸素が足りない状態は、頭がぼんやりして集中できない状態になり、眠気が増して身体を動かすのがだるくなります。

これが何を意味しているのかと言えば、酸素と二酸化炭素の交換を一番必要としている箇所は脳であるということ。そして、ヨーガの練習に登場する呼吸法は、脳への刺激が最大の目的となります。

脳への刺激が強い呼吸法は、身体が健全に整った後に練習しましょう。
さらに、身体の健全さと脳のバランス整ったならば、それは瞑想の練習を始める準備が整ったことになる。

『ヨーガ・スートラ』
2章29節
（一部より抜粋）

この章の最初に、呼吸法を学ぶ前に呼吸そのものを学びましょうといった理由がここにあります。アーサナの練習で身体を強くしなやかにしてから、脳への刺激が強い呼吸法をすることが自然なことだからです。

『ヨーガ・スートラ』２章29節ではヨーガの練習の深まりを表現しているのです。ハタヨーガの練習は「やってみよう！　ＰＡＲＴ５」（Ｐ．１４５）にもあったように、アーサナの練習を中心に身体の感覚を段階的に意識していきます。そこに呼吸や瞑想の要素も段階的に増やしていきます。

脳のバランスを整えることを意識した呼吸

さて、「脳のバランスを整える」という曖昧な言葉が登場していたことにお気づきでしょうか？

アーサナの練習でのバランスではありませんよ。

「脳のバランス」という言葉を意識しながら、次からの呼吸についての話を読み進めてください。

呼吸は身体の中で、主に2つの場所で酸素と二酸化炭素の交換を行います。酸素と二酸化炭素のバランスによって、体内のｐＨ値※に変化が生じます。

一般的には、ｐＨ値はバランスがとれた中性に近い弱アルカリ性の状態を保っています。血液中にも「タマス」「ラジャス」「サットバ」のグナによる均衡の重要さがあるのです。

肉体的に健康そうな人でも、仕事やプライベートにおけるストレスの負荷が身体とマインドにかかっていたり、酸性の強い加工食品を摂りすぎたりすると免疫力が下がってしまいます。

酸素と二酸化炭素のバランスが乱れ、身体がタマスな状態であっても、ラジャスな状態であ

※ｐＨ値とは、血液が酸性が強いのかアルカリ性が強いのかを測る数値のこと。

っても、吸う息も吐く息も短くなり、呼吸の回数が増えて呼吸は浅くなります。

酸素と二酸化炭素の交換がされる第1の場所は肺です。ここに新しい酸素が届けられ、古い二酸化炭素と交換されます。酸素が入ってこなかったら問題ですが、余程のことがない限り足らないことはないでしょう。この器官で吐く呼吸によって二酸化炭素がちゃんと排出されないと交換とはいえないので、吐くことがとても重要になります。

しかし、そもそも、この時に肺の中で交換しようとする二酸化炭素が少なかったら交換どころではなくなります。これが第2の交換場所の重要性なのです。

手足などの身体の隅々にある毛細血管の中の血液には、新しい酸素と交換が必要な二酸化炭素がそれを待ち望んでいます。

吸い込んだ空気の中の酸素は肺の中で血液に移動します。その血液の通る道を動脈と呼んでいますが、そこから毛細血管へと酸素は運ばれていきます。そこで第2の交換となるのです。毛細血管にある古い二酸化炭素が、新しくやってきた酸素と交換されるわけです。

この第2の毛細血管でのガス交換がうまく行われないと、動脈の中の酸素はそのまま静脈から心臓へと戻ってしまいます。ここでは詳しいメカニズムの説明は省きますが、運動不足や食生活や過度なストレスなどによって、身体のいたるところの毛細血管で正しいガス交換がなされない場合があるということです。

正しい呼吸（2つのガス交換）のためには、全身の毛細血管が健康的である必要があります。マインドを扱うヨーガにおいて、身体を伸ばしたり縮めたりするトレーニングが必要不可欠な理由がここにあるのです。

身体が健康的であることと合わせて、呼吸が正しく行われることも大事です。身体が健全に整った後にしか高度な呼吸法ができない理由はここにもあったのです。

呼吸のための動作として、ちゃんと横隔膜が使われるために大事なことは、鼻で呼吸することです。空気が少しずつ体内に取り入れられるので、肺での第1の酸素と二酸化炭素のガス交換もちゃんとされるためにも必須です。

ヨーガのプラクティスでは、鼻で呼吸することが特に重要とされてきました。5章で登場した14の主要なナディ。とりわけ、特に重要な3つのナディは、背骨に沿ってある中枢神経を表す「スシュムナー・ナディ」と副交感神経を表す「イダー・ナディ」と交換神経を表す「ピンガラ・ナディ」でした。

イダー・ナディは左の鼻腔につながっていて、ピンガラ・ナディは右の鼻腔につながっているプラーナの流れを名称としているのです。

この3つのナディが特に重要とされているのは、背骨の根元である尾骨から脳までプラーナ（生命活動のエネルギー）が流れているからです（イダー・ナディとピンガラ・ナディは、脳から左と右の鼻腔へとつながっていると言われます）。

鼻から息をゆっくりと横隔膜を使って胴体を意識しながら吸ったり吐いたりすることで、脳へとつながる自律神経（交感神経と副交感神経）のバランスを整え、それをヨーガでは浄化と呼んできました。二酸化炭素の正しい排出もある種のデトックスであり、まさに二重の浄化であるといえます。

第7章　ヨーガのプラクティス　その3

前章で呼吸についての知恵を得た上で、
再びヨーガのプラクティスを行います。

本章のメインテーマは「知恵」です。
ヨーガで重視される「知」を学ぶ。
「知恵」の種類について理解する。

それが現在求められているのです。

それは、正しく理解した知恵でもって
世界と対峙する必要があるからです。

皆さんが向き合う世界との関係性は
視野を変えることで変化していきます。
ヨーガはそれを実現してくれるのです。

ヨーガの世界における知恵

ヨーガの世界では「知」というものがとても重要視されています。

2011年、南インドの主要都市の寺院を巡り、可能な限り参拝するという旅「ヤトラ」に参加した時に、最初にチャンティングしたのがガネーシャのマントラ（真言）でした。

「オーン ガン ガナパタイェ～ナマハ～（Om Gam Ganapataye Namaha）」というガネーシャ神を讃えるマントラを参加者みんなで声にしていきました。

「マントラ」というサンスクリット語は、「マン」がマインドであり、「トラ」が持っていくという意味であることから、あちらこちらと飛び交うマインドをある場所へと持っていくという意味があることはすでに書いたとおりです。

「ガネーシャ（Ganesha または Ganapati）」は、私が立ち上げたスクールでもシンボル的なキャラクターとなっていて、スクール内の至るところに像が置かれています。

ヨギの王であるシヴァ神の息子であるガネーシャ神は、「知恵」と繁栄を司る神としてインド中で愛されており、何かを始める時には「その知恵でもって終わりまで無事に導いてくださいと願ったのでした。新しい年の初めや旅の始まりに、これからの道を阻む困難を乗り越えていけるようにと、ガネーシャのマントラを伝統的に唱えます。ガネーシャへの感謝によって、旅であったりヨーガの旅は、無事に目的地へと到達するのです。

そして、「知恵（叡智）」はインドだけでなく世界中で大事にされています。日本でも知恵を授けられることは名誉なことであり、ことわざには「3人寄れば文殊の知恵」というものもあるくらいです。

「3人寄れば文殊の知恵」とはどういうことでしょう？　3人の異なる人間の考えが集まれば素晴らしい知恵となるという意味でしょうか？　辞書によると、その意味は「凡人であっても3人集まって考えれば素晴らしい知恵が出るという例え」と書いてあります。

「文殊」とは知恵をつかさどる菩薩のことで、凡人であっても3人集まって相談すれば文殊にも劣らない知恵を出すことができるということを表しています。

それでは、ヨーガなどのスピリチュアルな世界で使われる「知恵」とはどう言った知恵であるのでしょうか？　この曖昧な部分をはっきりとさせていきましょう。

「確かに正しい知識」という知恵

そもそも「知恵」とはどうして存在して、何のためにあるのでしょうか？

『ヨーガ・スートラ』とは少し異なる分類方法ですが、「知恵」には主に3種類あると私は説明しています。

第１の知恵は、「確かに正しい知識」のことです。

「確かに正しいこと？　だいたいのことは正しいのでは？」と、思われるかもしれません。それでは、次のような場合はどうでしょうか？

私は長くハワイのワイキキに住んでいたので、ヨーガスタジオからオーガニックな店からレストランに至るまで詳しいこともあり、ハワイ旅行に行くという生徒さんがいたらオススメの場所やお店を教えたりします。

この情報は、確かに正しい知識（情報）でしょうか？

私から「美味しい」と薦められて行ったのに、その生徒さんの口には合わないかもしれません。そうすると生徒さんにとっては良くない店と認識されるかもしれませんし、こういった説明をしている時に、実際は既に閉店してしていて店そのものがないかもしれません。

そういったことから、「確かに正しい知識」を重要視するという意味は、いつもその知識を疑うことが大事だということになるのです。疑うことが良いとか悪いとかの倫理道徳感の話ではありません。「確かにそれが正しい知識かどうかをまず考えましょう」という話なのです。

私から話を聞いたあとに自分で調べてみて、そのおススメの店が閉店していないことを確認し、さらに他の人々の口コミにも目を向けてから実際に行ってみる。その食べ物、飲み物を口に運ぶ瞬間にまで意識を集中して疑いながら確認するのです。

その結果、「美味しい!」ということになれば、その生徒さんにとってそれは『確かに正しい知識』ということになるでしょう。

一方、考える必要のない「確かに正しい知識」というものがあります。それは、明日も太陽が東から昇るという知識です。「そんなの当たり前でしょう?」と思うかもしれませんが、未来のことに対して確かに正しいと断言することは、実は一番難しいことなのです。先のことは絶えず変化しますからね。

何百、何千年という年月の間、変わらずに太陽は東から昇ってきたのだから、明日も東から日が昇るということは、『確かに正しい知識』として使うことができるわけです。

そして、迷う必要なく正しい知識として扱ってよいものである智恵が、「経典からの知識」です。こちらも、古代の人々が深い洞察から得た「正しい智恵」として信頼して良いでしょう。

繰り返しますが、なぜに「確かに正しい知恵」についてここまで詳しく紹介するかと言うと、眼で見るなどして五感から直接的に目の前にあると感じられること、長い年月から繰り返されていること、経典の内容からのこと、これらの「確かに正しい知識」以外は「正しくない知識」といえるからです。

「確かに正しい知識」は、直接的に五感で知覚されるもの、正しい理論と論理的な推理よりのもの、そして、経典からもたらされたものを指す

『ヨーガ・スートラ』
1章7節
（一部より抜粋）

世界に溢れる「空回りの知恵」

「今」、目の前に広がる世界を我々は見て感じて生きています。この目の前に広がる情報に間違っている部分があると言われると戸惑ってしまいます。

1章では、我々のマインドは枝を飛び交う猿のように絶えずあちらこちらにフラフラしているのが通常のことなのだという話をしました。そんなマインドが世界を見渡しているわけなので、「正しい知識」を得ることができないのも仕方ないかも知れません。

イントロダクションの話にもあったように、夜道に落ちているロープを蛇だと思ってしまうのも、飛び交う猿のようなマインドの仕業なわけです。

それは、ヨーガの練習でも同じです。

多くの人が本に載っているポーズを正しいと思って練習します。そして、本の通りにできないと「自分が間違った練習をしてしまった」と思います。

本書の説明では、ポーズの練習は「アーサナ」と呼んでいて、そういったイメージとは異なる解釈でもって説明してきました。

手足が長く柔軟性もあり、本の紹介しているポーズと同じように出来ているけれども、その時に身体に何も感覚がない人もいます。正しいと思っていても、感覚を通じてポーズの形の正しさは変わっていくのです。

我々は、間違っているのにそれが正しいと思い込んでしまったり、完全に正しい知識として把握していなかったりします。それについては、対人関係などが最も当てはまるのではないでしょうか？

近所の人や会社の人で、「苦手だな、あの人嫌だな」とずっと思っていたのが、その人の優しい一面を見て印象が１８０度変わり、「素晴らしい人」と印象が変化することはないでしょうか？

逆もまたしかりです。

「どうしてあの人は自分に対して意地悪をするのだろう？　敵対視するのだろう？　どうして優しくしてくれないのだろう？」と思うようなことがある時、その人はあなたのある一部分だけを見ているかもしれないし、勘違いをしているかもしれないのです。

これが第2の知恵です。これを「空回りの知恵」と呼ぶことにしましょう。「空回りの知恵」は、実は世界中に溢れています。

長い人類の歴史で、つい最近まで世界は平らであるという共通認識があり、「丸い」と主張した人は世界に混乱を招く人であると弾圧されてきたのをご存知ですか？　これはヨーロッパの話ですが、今では地球が平らだと主張する人は1人もいません。すべての人々が「空回りの知恵」に翻弄されていたわけです。

これは偶然なのでしょうか？　同じアジアの中国とインドで同じ発想をシェアしていたのでしょうか？　2千5百年前の中国大陸にいた孔子という人物も同じことを言っています。

そして、第2の「空回りの知恵」が自分の中にあることに気づき、第1の知恵である「正しい知識」へと近づこうとするものが、第3の知恵である「見分ける知恵」なのです。

「見分ける知恵」の本質

今まで読み進んできたあなたは、どれだけ私から投げかけられる「?」を見てきたでしょうか。実は、「見分ける知恵」を育てることが本書の(もちろん、ヨーガの)目的でもあり、そのための最も効果的な方法こそ質問をすることなので、私から読者に対する「?」の問いかけがとても多いというわけです。『ヨーガ・スートラ』もこの第3の知恵を育てるための教科書といえます。

「問いかけること」こそ、スピリチュアルな道の最初の1歩となります。そして、〝自分の中で「確かに正しい知恵」だと思っていたことが、実は「空回りの知恵」なのではないか?〟と、常に疑うのです。自分自身をいつも疑うことで、自分の中に間違いがあると受けいれることができるのです。これが第3の「見分ける知恵」の本質です。

しかし、間違いがあるのではないか、と疑うことは簡単ではありません。第2の知恵の「空回りの知恵」があなたの苦しみを作りだします。その中で自分を疑うという問いかけをするのは、なかなか苦痛に満ちた行為です。

さて、そろそろ「確かに正しい知恵」とか「空回りの知恵」とか「見分ける知恵」とか、色々なものが登場して混乱してくるころではないでしょうか。こういった話をレッスンや講義などでしていると、「先生はさとっていて、苦しみとかはないのですか?」という質問をされたりします。

この質問の真意まではわかりませんが、苦しみの影響を受けないことこそが「さとった状態」という考え方をすることは、正しい理解であると思います。

こういった質問をされる方は、スピリチュアルな本や哲学書を読んでいらっしゃる場合が多いのですが、あわせて身体感覚への意識を高める練習量が少ない傾向もあったりします。練習量が少なくて身体感覚への意識が弱いと、どうしても頭（マインド）が作りだすイメージ（幻想・妄想）からの影響が強くなってしまうのです。

苦しみとは、この「マインドが作りだす世界」（第2の「空回りの知恵」）と「リアル」（真実）とのギャップから生まれるものなので、なかなか減らないわけです。

さて、話を最初に戻しましょう。

人間は、「さとる」と苦しまないようになるのでしょうか？

身体感覚への意識が高まり冷静になると、色々とまわりのリアル（現実での真実）が見えてくるわけで、さとりやすい環境が整ってくるのは確かです。

すなわち、環境が整うと勝手（自然）に「さとる」のです。

ここで使っている「さとる」とは、自分の周りのリアル（真実・現実）が見えてきて、変なマインドによる惑わしに干渉されなくなることの意味で使っています。

自分の周りの世界がリアルになっていき、明瞭でクリアなものに変わっていくと、自分の周囲にいる人々が、かなり曇っている状況で世界を眺め、その中で苦しみを互いに増やしているという状況（世の中）も見えてくるというわけです。「さとる」ことができると、人々を悩ませている苦痛や、その先に生じるであろう回避可能な苦痛まで見えてくるようになります。

第3の知恵によって、未来の苦は避けることができる。

『ヨーガ・スートラ』
2章16節
（一部より抜粋）

この『ヨーガ・スートラ』の一節は、過去の苦しみは変えれないものの、現在直面しているマインドとの関係性（第3の知恵に辿り着けるかどうか）によって、苦痛の少ない未来が訪れる可能性を感じさせてくれるものです。

視野を変えてアクションを起こす

皆さんも、日常の中での異性との関係性において経験したことがあるかもしれません。私も友人からパートナーとの付き合いや関係性の相談話を聞いていて思うことがあります。実際に会ったことはないけれど、その方の相手の人はどう見ても誠実さが欠けている。この付き合い方では、確かに辛いことが多くて苦しむだろうな……、恋は盲目というけれど、まさにコレのことだな……ということに。

冷静な気持ちで客観的に見ると友人のマインドは曇っていて、リアルが見えれば違った未来があるのではないかと、思ったりするのです。しかし、残念ながら、友人の周りの人々（家族・友達・職場の人々）の込み入った部分まで私は干渉することができず、彼らの第2の知恵である空回りの勘違い（この場合は恋の盲目）による苦しみは増えるばかりでしょう。

それらの「苦痛」を持つ人々に対して、こちらは冷静に良くない未来が来ると伝えても聞く耳を持ってもらえず、ただ無力さを感じるだけで、逆に自分自身の苦痛が増えるばかりです。

どんどんリアルが見える世界が広がっていったとしても、どこまでも「苦痛」はつきまとってくるのがこの現代社会の常です。

ここで、『ヨーガ・スートラ』は1つの提案をします。

空回りの知恵に苦しんでいるならば、
対極にある（反対側にある）こととは何かを考えてみると良い。

『ヨーガ・スートラ』
2章33節
（一部より抜粋）

すぐ身近にある「苦」ではなく、遠くにある「苦」に目を向けてみようということです。遠くにある「苦」の場合は、その反対側にある「苦のない世界」について考えやすくなります。

例えば、もっともっと大きな「苦」の無い状態での、スケールの大きな「平和」についてなどがそうです。

地球環境に対する「平和」についてでもいいかもしれません。地球にとっての「苦」がない状態への祈願であれば、「大地にある森が必要以上に伐採されずに砂漠化しませんように！」「母なる海がプラスチック製品で汚染され、海洋生物を苦しませせないように！」ということが浮かぶはずです。

そういったことを考えながら、使い捨ての割り箸をやめて「マイ箸」を持ち歩いたり、ビニール袋を使わずに「エコバッグ」にしたりするなど、大きな「平和」に対する具体的なアクションを実行するのです。

しかし、ここで終わってはいけません。自分自身の未来に待ち受ける苦を回避できたわけではありませんから。この世界平和を願うマインドの状態で、自分と自分の周りの人々との環境、すなわち身近な世界を見てみるのです。この身近な世界も平和になるためにはどうしたらよいでしょうか？　どんな具体的なアクションができるでしょうか？

このように視野を変えてみてはどうでしょう？

簡単に言ってしまうとそうなのですが、ポイントは「同じ性質でありながら反対側に行ってみる」ということです。つまり、身近な「苦」から平和になることに行き詰まったのならば、遠くにある「苦」から自分自身が平和になることをやってみては？という提案なのです。

ここで重要なのは逆もまたしかりであるという点です。

世界平和などのボランティア活動などをして、世の中のために役立つ活動をしている人たちに必要なのことが、大きな平和よりも自分の周りの小さな「平和」だったりします。

会社のために寝る間を惜しんで仕事を頑張っている人にも当てはまります。時に仕事が行き詰まり、ネガティブな感情に支配されそうな時こそ、会社という大きな組織（世界）ではなく、家族という小さな共同体（世界）や、友人という小さな集団（世界）がうまくいくことに目を向けてみると良いと、『ヨーガ・スートラ』は教えてくれています。

多くの方が抱えるパートナーとの問題も同じことでしょう。パートナーとの関係性に悩んだら、周囲との友情や関係性を見直してみたら、結果的にうまくいくかもしれません。

「ネガティブなマインドの働きに支配されている時に、対極側からの視点で物事を考えるなんて、できた人間しかできないよ」って多くの方は思うかもしれません。

そうです！　マインドには未来を変える力があると同様に、苦をもたらす強い力もあり、向き合っていける精神力を手にするためには、それなりの時間がかかります。そこで、古来より「ヨーガの教え」を身体を使って実践するテクニックが使われてきました。

思考を無理矢理ひっくり返すことは難しいけれど、身体ならばそれが出来るのです！

ヨーガの教えからの技、その代表である「アーサナ」の出番です。

アーサナの王様である「シルシャーサナ」や、アーサナの女王と呼ばれる「サルバンガーサナ」という逆転の姿勢で、自分自身の身体を無理矢理ひっくり返すのです！

逆さまの状態から世界を見渡せば、空回りしてひっくり返って間違って観ていたことも意外と冷静に正しく見えてきたりするのではないでしょうか？

やってみよう！
PART7

シルシャーサナ

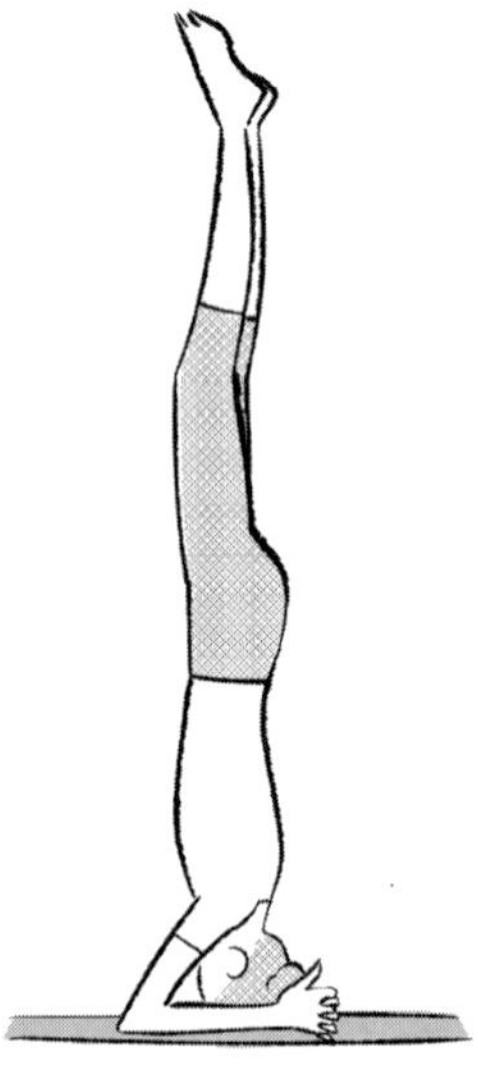

図16

1. しゃがんだ状態で、両肘をマットにつけます。
2. 手で反対側の腕（肘のすぐ上）をつかみ、反対の手もつかみます。この幅から肘が広がらないように頑張ります。
3. 指と指を組みます。地面に触れる小指はずらしましょう。そして親指を立てます。大切な物を包むネットのようにふわっと掌は広がっています。掌の小指側のサイドから肘にかけての「ハの字」の部分が身体を支える部分となります。
4. 頭（シルシ）のてっぺん※か後頭部を、掌というネットに包まれるように置きます。
5. 頭を置いたら、しゃがんでいた腰を少し持ち上げ、頭の上に骨盤が来るところまで歩きます。
6. 肩の柔軟性がないと、骨盤を前に持ってくると肘が浮いてしまいます。「ハの字」の部分を地面に安定するように、肘で押します（肘が上がらないような肩の柔軟性を手に入れるまで、押すことが練習です）。

7．肘が上がらないで骨盤を頭の上まで歩いてこれたら、片足を（曲げたまま！）浮かしてモモをお腹に持ってきます。浮かした足を下ろして反対側もやります。それぞれ浮かした状態で数呼吸する練習をしてここで終わってもよいです。

8．今度は片足ではなく、両足を（曲げたまま）浮かせます。膝を胸側に、モモをお腹に引き寄せて保ちます。ここで数呼吸をする練習で終わってもいいです。

9．両足を浮かせて保てた人は、膝を曲げたまま、膝を胸から離して天井へとあげるようにコントロールしていきます。ゆっくり、ゆっくりとコントロールする練習をしてください。

10．ゆっくりと膝が上げれたら、膝を伸ばしていきます。肘は絶えず地面を押しながら練習してください。これが完成形ではありません。４からずっと逆転の状態にいて逆転の練習は完成しているのです。４から10までの練習を深めていく過程（プロセス）を楽しんでください。

※「シルシャーサナ」の練習は、肩の柔軟性と強さを必要とします。肩が弱いならば、首も弱い可能性があります。頭頂部を掌に入れるのは首に負担がかかるので、肘でしっかり支えれるようになってから始めてください。

「シルシャーサナ」の練習をやってみてどうだったでしょうか？　多くの生徒さんを見ていると、やってみようのPART7の過程での両脚を丸め込んで保つ、体幹の力を使うことに難しさを感じる方が多いようです。また、肩の柔軟性がなくてできない方も男性に多くいらっしゃいます。

多くのアーサナの練習はこれらの必要な要素を含んでいるので、継続的に練習を続ければできるようになるでしょう。

長いことアーサナを練習していても「シルシャーサナ」が難しいという方は、第3の知恵を働かせて、今までのアーサナの練習の仕方を疑う必要があるのかもしれません。

「シルシャーサナ」で体幹を支えられるような要素を含むアーサナの練習が今までにあったでしょうか？　肩の柔軟性を高めるような要素が今までの練習にあったでしょうか？

また、両脚をどちらも上げられなくとも、膝を上げたり、さらには膝を伸ばして真っ直ぐになったりすることが出来なくとも、逆転の姿勢にいることには違いがないので、その状態で満足するというのも「空回りの知恵」から解放されることです。

煩悩の原因となっている「空回りの知恵」を少しずつ無くしていき、正しく世界を見ることによって苦しみという毒を生みださないようにしていく「タパス」と「スヴァディヤーヤ」の練習をいつくか紹介してきました。

次の章では「イーシュヴァラ・プラニダーナ」という、クリヤーヨーガの3つ目のパワフルな練習を紹介します。

第8章 イーシュヴァラについて

「クリヤーヨーガ」の実践において、
重要な3大要素の説明をしてきました。

最後に紐解く要素は、
「イーシュヴァラ・プラニダーナ」。

“イーシュヴァラ”とは何を表すのか。
“プラニダーナ”とはどういう行為か。

それらの意味と本質を知ることから、
この章のストーリーははじまります。

このプラクティスの意味を知った時、
馴染み深い概念であることを知るはず。
真髄はとてもシンプルなことなのです。

「イーシュヴァラ・プラニダーナ」とは

クリヤーヨーガの3つの大事な要素のうち2つ、「タパス」と「スヴァディヤーヤ」について説明をしてきました。

ここからは最後の部分となる「イーシュヴァラ・プラニダーナ」の要素について説明していきたいと思います。この3つ目のクリヤーヨーガの練習は少し抽象的な解釈となり、曖昧な表現で終わらせないという本書のテーマから外れてしまうかもしれませんが、とても大切なことの説明になりますので最後までついてきてください。

クリヤーヨーガでは、数々のナディを意識して3つの層を浄化していくという練習があるという説明をしてきました。マインドの働きと深く関わる、5大感覚器官の1つである「味覚」のセンサーへと繋がるナディの話です。味覚センサーのある場所は、身体でいうと「口」となります。この場所は、マインドにも強く影響する活力（プラーナ）を別のことでも多く使います。

それは、言葉を話すという「行為」です。話すという行為は、プラーナをとても使います。使うというと消耗すると思いがちですが、消耗するというよりは循環するという意味合いです。

「え？　消耗と循環？」と疑問に思った人もいるでしょう。疑問に思うと頭の中が図17のようになります。この混乱した状態はとてもストレスフルで、それだけでエネルギーを消耗したかのように感じるかもしれません。

図 17

しかし、エネルギーを悪く循環させてしまう場合と、良く循環させる場合とがあるのです。たとえば、わからなったことが理解できた瞬間のことを思い返してみてください。「あぁ！　そうか！」となった時……、あなたは嬉しくなかったでしょうか？

気分が高揚し、もっと何かを知りたい、この喜びを誰かとシェアしたい！　そう思うかもしれません。嬉しい出来事を「言葉」でシェアしたり、教えることで「言葉」を交わしたりなど、自分の中でエネルギー（プラーナ）が倍増されるような、良い循環もあるのです。

本書の命題であるハタヨーガに登場する「言葉」を曖昧にしないというのも、良いプラーナを循環してほしいからなのですが、人々はお互いに「言葉」によってプラーナを循環して増やしたり消耗して減らしたりしているのです。

意味を理解した上で、その「言葉」に意識を向ける練習がヨーガにはありますし、それとは逆に、意味も分からずに混乱したまま「言葉」にしてしまい、プラーナを消耗している人もいます。ふと気づくと無意識に言葉を呟いていた……。そのような経験がある人もいるかもしれません。無意識的にも、意識的にもマインドは動いて（揺れて）いるのです。

我々の「マナス」が働くとき

「意識」とはプラーナの呼び方の１つです。本書でも、プラーナに対して「活力」「生命エネルギー」「ナディに流れるもの」「呼吸」など様々な呼び方をしてきました。

意識自体はとても軽いエネルギーですので、感じようとすることもできるし、軽すぎて感じられない場合もあります。感じている状態のことを「意識的な状態」、感じていない状態のことを「無意識的な状態」と表現しています。

人（ｍａｎ）は、考える生き物である。

昔の人は、他の動物と比べて人間をそのように定義しました。「ｍａｎ」という言葉は「考える」という意味を持っているのです。この言葉は古代のサンスクリット語でも、現代の英語でも使われています。

「今」この瞬間にも意識的にも、無意識的にも人は「考え」ているのです。「man」に〝今に在る〟という意味のサンスクリット語である「as アス」という言葉が融合することで、「manas マナス」という「考える」「思考する」「意識する」「わかる」などの意味を持った言葉になります。

「マナス」とは、〝思念〟と書かれたりもしますが、5つの感覚が入力されたものを集め、それまでのデータと比較して認識した対象が何であるかを特定する(知る)ということをしています。

例えば、ヨーガのレッスン中にポーズをとっている時に、「パタパタ」と近くで足音がして、その後にぴたりと止まったとします。すると、あなたのマナスは働き始めます。「先生は自分の近くで静止して、自分のポーズを見てくれているんだな……」と。

ここで、何度も本書を読み返していただいている方は、「はっ!　もしや!」と気づくかもしれません。

1章で登場して以来、繰り返し登場してきた「マインド」とは、このマナスなのです。

マナスは無意識的な状態でも、意識的な状態でも絶えず動き続けています。その働きが強くなり「形」になると「言葉」というより大きなエネルギー(形)となります。

この大きな思いというエネルギーは、いつも頭の中をぐるぐるめぐっているのですが、口へと続くナディを通り、声にするという「行為」によって「言葉」にされ、さらに大きなエネルギーとして使われます。

そのエネルギーは、もちろん良い循環であったり、悪い循環であったりするわけです。「正しい言葉を使いましょう」としばしば言いますが、真の意味では「言葉という形になるまでの過程に意識的になりましょう」が正しいのです。

さらに言葉が声として、音として発せられた時には別のナディ（大事な14本のうちの２つのナディ）も働くことを忘れてはいけません。

そう、２つの「耳」へと繋がるナディです。身体の外から内から響いて自らの声を聴いているのです。そして、ここからは「音」についての話になります。

音の響きや意味を感じる

「音」の響きを大切にする文化は、古代よりインドから日本にも伝わっています。

我々の身近な場所にも、「音」を発するジェスチャーをしている姿の像が立っていることをご存知ですか？　あなたの家の近くにある神社の入口に、2頭の狛犬がいたりしませんか？

あの狛犬の起源は古代インドなのですが、それを超えてローマ時代、獅子を皇帝の前に遣いとして飾る文化が発祥であると聞いたこともありますが、本当のところはわかりません。

インドでも寺院に行くと、祀されている御神体の前には、その神に対応してナンディという牛だったり、ガルーダという鳥の像がいたりします。日本の太宰府天満宮の牛もインド発祥の文化が中国や韓国を経て渡来したものかもしれません。

話が逸れてしまいましたが、狛犬自体を見るより、狛犬の「口元」を見てください。1体の狛犬は「あ〜」と声を出し、もう１体は「ん〜」と無声音を出してます。

「あ」の音と「ん」の音は、日本語の「あいうえお順」では最初の言葉と最後の言葉になります。日本では「阿吽（あうん）の呼吸」という言葉で知られています。あいうえお順でもアルファベットでも、「あ」と「A」の音は最初にあり、まさに「はじまりの音」なのです。そして「ん」の音は「終わりの音」を暗示する音となります。

すべての物事には始まりがあり、そして、いつか破壊されて終わりがやってくる。すべては3つのグナのバランスにより破壊と再生を繰り返しているのがこの世界というものであり、それが「真理」だと言えます。

我々は、いつも何かの始まりに喜び、また不安を感じます。同時に何かの終わりに恐怖を感じたり、時に安心する場合すらもあります。

穏やかさを見つけることができるのは、その中間においてです。始まりでもなければ終わりでもないその時期を、「平和」で安定していると言うことができるでしょう。

「あ」の音は、誕生。
「う」の音は、維持や平和。
「ん」の音は、破壊。

それぞれの音の意味を感じながら、身体で音の響きを感じていく練習をやってみましょう。

やってみよう！ PART8
AUM呼吸法

1．骨盤の下にクッションなどを置いて、股関節が痛くないようにして、骨盤と両脚で安定して座ります。
2．安定した骨盤から身体を真っ直ぐにして、頭を安定させます。
3．両手をおヘソあたりに軽く添えて、吸いながらオナカを膨らませ、肩の力を抜きながら吐いていき、これを数回繰り返します。
4．手を離して自然な呼吸と共に掌のあった辺りを感じます。

5．お臍は我々が最初に生きるための養分を手にしていた場所です。そのあたりへと響かせるように、「あ〜」と声を発します。
6．「あ」の音は古代より、やまと言葉の最初の音です。その音を低く低くして骨盤内で響かせるように、「あ〜」の音を出していきます。手のあるあたりに重低音を何度か響かせたら終わりです。音を出しおえたら、骨盤から腹部あたりにある音の響きの余韻を感じましょう。
7．次は、１つの掌を胸に運びます。
8．掌のある胸のあたりを意識して呼吸します（やってみよう！　ＰＡＲＴ６でのエクササイズ呼吸（２）をしてもよいです）。
9．胸は身体の真ん中、中間です。楽な呼吸にもどして、ゆっくり吸ったら、「う〜」の音を出していきます。
10．口をすぼめて「う〜」の音が水平方向になが―く遠ざかっていくイメージでだしていきます。こちらも1〜2回したら十分です。楽に呼吸しながら、胸のあたりの音の余韻を感じましょう。
11．お腹の手を今度は眉間からおでこあたりに持っていきます。
12．鼻先から鼻腔の内側をつたって、上方の鼻の付け根、さらに眉間の方まで息を吸い上げます。吐く呼吸は、吸う呼吸と同じくらいのテンポで楽に顔の緊張がないように緩めながらします。

13．数回、呼吸を意識したら、音を出していきます。地面に近い最初のエリアの骨盤・お腹、中間に位置する胸部ときて最後は頭部です。最後の音に相応しいのは「ん」の音でしょう。やまと言葉の最後に来る言葉です。

14．ゆっくり息を鼻から吸ったら、呼吸の時と同じように鼻先から鼻の上の付け根へと「ん」の音を上へと響かせながら発していきます。さらに眉間から頭頂部へと音の響きを上げていきます。

15．数回「ん」の音を発したら、楽に呼吸をしながら眉間から頭頂部にある音の余韻を感じましょう。

16．最後には「あ」「う」「ん」の音を下から上へと全て繋いでいきます。音が変化と共に長い呼吸を上手く調整してください。

「Aあ／Uぅ／Mん」という一連の音を1つにあわせると、何ともいえない響きが生まれます。「始まり」と「途中」と「最後」が1つになるという時間の影響を超えた、まさに不可能な瞬間をあらわしている響きは、「聖なる響き」として世界中で大事に扱われています。

日本でも古来より煩悩を浄化する「聖なる響き」と同じ音をあらわす鐘の音を「ごぉ〜ん」と鳴らしてきました。チベットでは「ふ〜ん」と言われたり、西洋では「あ〜めぇ〜ん（AMEN）」と呼ばれたりするのですが、サンスクリット語の文法では「A（あ）」と「U（う）」が合わさると「O」という文字に変わるのです。しかし、発音においては「おん」ではなく、「おおん」と2文字分の長さを発音し、「お〜ん（OM）」と伸ばすわけです。

「ユニヴァーサル・サウンド」の響き

「聖なる響き」は、世界のすべての音をあらわしている、すなわち「ユニヴァーサル・サウンド」とも言われて重宝されてきました。

ユニヴァーサルとは、全世界であり、大宇宙のことを指しています。宇宙といっても大自然の中で圧巻なる大絶景を目の当たりにすると、頭の中が「………」となったり「!!!」となってしまいます。

まさにこの現象は大自然の神秘と呼ぶことができるのでしょうか？　その沈黙の瞬間には、頭の中に音にならない振動という「響き」が満たされているのです。

すなわちそれこそが、「ユニヴァーサル・サウンド（ОＭ）」です。

日本でも古来より自然を含めたすべての物質には、この「ユニヴァーサル・サウンド（ОＭ）」の聖なる響きである「神の性質」があると言われてきました。

八百万（やおよろず）とは、数え切れないほどたくさんという意味で、すべての物質のことを意味する、縄文時代よりある大和言葉です。我々の周りは「八百万の神」で満ちていると言われてますが、この風習も西のアジアの端から東の端まで古代より伝わったのかもしれません。

周りのすべての物質に「ユニヴァーサル・サウンド（ОＭ）」という癒やしの響きを感じるなんて、なんと「あり得ないこと」でしょうか？　有ることが難しい、まさに「有り難いこと」だと感謝したのであります。

この有り難い「ユニヴァーサル・サウンド（ОＭ）」の響きでは呼びづらいので、練習においては「呼び名」をつける必要があります。

「イーシュヴァラ」

これがその名前となります。すべての物質が持つユニヴァーサル・サウンドである「イーシュヴァラ」を感じて感謝していくことが、クリヤーヨーガの3つ目のプラクティスとなります。

まずは、クリヤーヨーガから始めよう！　身体・マインド・魂のそれぞれの3層を磨いて毒素を減らす行為こそクリヤーヨーガである。クリヤーヨーガの1つはタパスである。あつい熱で持って毒を消し去るのだ。2つ目はスヴァディヤーヤである。知識の火によって自己の探求をすることだ。3つ目はイーシュヴァラ・プラニダーナである。目の前にあるものを聖なる響きとして受け入れて感謝してゆくことだ。

『ヨーガ・スートラ』
2章1節
（一部より抜粋）

プラニダーナ（praṇidhāna）とは、「自分の前に据えおく」「あるものに心を寄せる」「切望する」「祈る」などを意味する動詞「プラニダー（praṇidhā）」から発生した名詞のサンスクリット語です。解説本などでは「祈り」と訳されることが多いですが、誰に祈るのか？ 何に祈るのか？ 何を祈るのか？ という疑問があらわれてしまうのが現代であり、今の日本ではないでしょうか。これは私だけではないと思いますが、「祈る」という言葉には具体的に何をするのか、ずっとリアリティーを見出せないでいました。

イエス・キリストですとか、ブッダですとか、祈るための対象がはっきりと決まっている人はそれぞれの決められた祈りの方法に従って、この3つ目のクリヤーヨーガを実践して日々の安心を手に入れたらよいと思います。

ヨーガは自由なのです。対象を決めていないところが、逆にヨーガなのだと思います。目の前に広がる、すべての（やおよろずの）ものの中にある「聖なる響き」を受け入れていくのです。

ハタヨーガを始めたばかりの人向けに用意されたクリヤーヨーガの「イーシュヴァラ・プラニダーナ」のプラクティスとしては、出会う人々や偶然聴く言葉やフレーズの中に「聖なる響き」となるようなもの見つけていってもいいかもしれません。

無駄話と思いきや、会話の中での何気無い一言や、ラジオから聴こえてきたフレーズの中に、自分にとって重要な閃きや気づきがあったりします。

通っているレッスンの中での先生の何気無い一言に、今の自分にとってびっくりするような「教え」があることがあります。前章にあった「第３の知恵」も同じです。「すべてを受け入れる」という姿勢が、「聖なる響き」が形を変えて現れるのを目の当たりにしていきます。

とはいえ、まだまだ「ユニヴァーサル・サウンド」を感じて受け入れていくというのは難しいでしょう。なぜなら、頭で理解するものではないからです。P.70の図４で紹介したマインドマップなどで構造を把握することは大事ですが、やはり自分自身の「感覚」を育てていったその先に「感謝」できる状態があります。

そして、「感覚」が育つためには、「いらない考え（雑念）」や「いらないもの（毒素）」を減らす（浄化する）ための練習（タパス・スヴァディヤーヤ）が必要だというわけです。

このクリヤーヨーガの33つ目のプラクティスである「イーシュヴァラ・プラニダーナ」をす

ることは、図1の一番外側の層である「身体」と内側の層である「マインド」の浄化をもたらすのですが、一番内側にある中心部分にも「浄化」を引き起こします。

中心部分とは、まさに「魂」の浄化と言えるでしょう。

『ヨーガ・スートラ』での「イーシュヴァラ・プラニダーナ」のプラクティスが、日本では最も馴染み深い概念であるのに、ヨーガスタジオであまり語られないないのがとても残念です。「普遍なもの（ユニヴァーサルなもの）」を意識して受け入れて感謝していくこと。これがこのプラクティスの真髄です。

お伊勢参りと「イーシュヴァラ・プラニダーナ」

普遍なものとは、「変わらないもの」です。変わらないものとは、「真理」であったり、「知性」であったり、「長い間に蓄積された人々の想い」であったりします。

「長い間に蓄積された人々の想い」と書くとピンとこない人もいるかもしれません。私自身も実際に目の当たりにするまでそうでした。それは我々の前に、当たり前のようにいつもあるものなので、絶えず揺れているマインドによって曇った目では気づくことができないものなのです……。「灯台下暗し」という言葉がありますが、身近過ぎて逆に目に映らないのかもしれません。

その点、日本を飛びだしてアメリカに４年ほど滞在しながら、外から日本を見つめてきたので、私に限っては中にいるよりも日本のことが見えやすかったのかもしれません。

日本語だったか英語だったか忘れましたが、江戸時代の人々が「生涯に一度は！」と、お伊勢参りに行っていたという記事を読んだことから知ったことがあります。

恥ずかしい話ですが、当時の自分は初詣なども行ったことが無かったくらいなので、まったく関心がなかったのです。その記事によると、伊勢神宮では祀っている神様の「お家」を20年ごとに創り変えて、家の引越を千年以上も繰り返しているということでした。

それを読んだ時には唖然としました。「えっ……」と。

千年以上もの長い期間、誰か目に見える人がいるわけでもなく特別な家を創り続け、しかも毎日「御飯」を差し上げているとのこと。

まさに、長い間に人々が大事な存在がそこにおられると扱い続けてきた「想い」が強く在るのだと理解しました。

江戸時代に流行した「お伊勢参り」。人々が生涯に一度は、その蓄積された強い集合的な「想い」を目の当たりにしようと、伊勢まで何日も何日もかけて参拝しにいったプロセス自体がプラクティスだと理解できたのです。

まさに、「イーシュヴァラ・プラニダーナ」のプラクティスです。

「自分も日本に帰国したら、伊勢神宮の天照大神（あまてらすおおみかみ）に挨拶に行かないと！」という想いを抱き、２００４年に帰国した時には、名古屋市内の実家から１５０キロの道程を何日もかけて「徒歩」で向かいました。

「なぜ歩いて行ったのか？」

自分の「足」で一歩一歩踏みしめて会いに行きたかったのです。天照大神に敬意を表する「姿勢」で、一歩一歩が「感謝」となるようにと願いながら……。

伊勢神宮に到着することが目的ではなく、行く道程が「大事」である。そして、それ自体がプラクティス（「イーシュヴァラ・プラニダーナ」）であると理解していたからです。

その時が人生で初めての伊勢参りでしたが、それ以来というもの毎年欠かさず参拝に行っています（徒歩ではないですが……）。

そして、２０１２年には、南インドの数々の寺院を巡って参拝する旅に参加しました（次章で旅の一部を紹介）。この参拝の旅を、インドでは「ヤトラ（ＹＡＴＲＡ）」と呼んでいます。

日本でも「四国遍路（四国八十八箇所）」が有名ですが、これも同じプラニダーナのプラクティスなのです。それもそのはず、このプラクティスを持ち込んで定着させたのは、日本最初のヨギである空海（弘法大師）だからです。

ここまで話をすると、イーシュヴァラ（普遍的なもの）へのプラニダーナ（受け入れていく・身を委ねる）のプラクティスは、大ごとで自分には無理だと思ってしまうかもしれません。大ごとに聞こえる例を出して説明しただけで、プラニダーナはマインドの揺れを穏やかにするとても身近でシンプルなクリヤーヨーガのプラクティスです。

我々の身体やマインドは絶えず変化し続けますが、長い間変わることのない事実は意外と周りに多く存在しています。前章で「太陽は変わることなく東から毎朝登る」という絶対的事実を紹介しましたが、お日様に毎朝感謝しても良いかもしれません。

さらに、あなたが今ここに存在しているという事実は、あなたの両親がいたからであり、そのまた両親がいたからなのです。このように、自分に先祖がいるということもまた変えることのできない事実です。だからこそ、ご先祖様に感謝しても良いかもしれません。

あなたが何かを学んだのならば、その知識を運んだきてくれた先生や書物、気づきなどがそこにあったからでしょう。あなたが何かを食べたならば、その食物を育てて運び食べ物にしてくれた献身があったからでしょう。

書物に感謝しても良いかもしれませんし、食べ物に「いただきます！」と感謝しても良いかもしれません。プラニダーナとは素直に受け入れて「感謝」をしていけばいいのです。

その感謝をするというシンプルな行為は、確かに難しいかもしれません。だから、ヨーガの先生が存在するのかもしれません。偏見や流行りに影響されることなく、シンプルで当たり前のようなものを「普遍的なもの」だと教えてくれるのですから。

人は皆、仮面をかぶって生きている

さて、随分と長くなりましたが、最後にマインドマップの真ん中部分の説明を行いましょう。マップの3つの層の中心部分であり、今まで登場した「イーシュヴァラ」と同じ性質のものが、この一番奥にある層です。

この部分を一言で表現すると「魂」になるのですが、私はこの部分のことを「本当の自分」と呼んでいます。
「本当の自分」と呼ぶということは、「本当ではない自分」がいるということになります。それでは、「本当ではない自分」とは一体誰なのでしょう?

それは「仮面をかぶった自分」です。

すべての人々は何かしら「仮面」をかぶって生きています。この場では、それについての良し悪しをあげつらうつもりもなく、ましてやその「仮面」を脱ぎ捨てましょうと提言するつもりもありません。

一般的な観点からすると、「仮面」を外すことや壊すことこそが、ヨーガの修行だとイメージしてしまうかもしれません。しかし、「仮面」をかぶって生きていることは人間にとって自然なことであり、むしろ「あるがまま」の習性なのです。

これまで幾度となく登場してきた「マインドの働き」、すなわち「マナス」の仕事とは、5つの感覚器官より情報を得ながら、その状況に応じて様々な「仮面」を持ってきては付け替えることなのです。

これは自然な働きなので、「マナス」を直接的にコントロールすることはできません。コントロールできたと思っていても、それは押さえ込んで誤魔化しただけなのです。「マナス」はまた新しい「仮面」を用意して暴走するだけなのです。

もうおわかりの方もいらっしゃるかもしれません。この「仮面」こそが「感情」と言われているものです。

未来に対して勝手なイメージを作り、その通りにならない現実が起こったとしましょう。その時、「マナス」が「怒り」という仮面を選ぶと、周りの人に文句を言うなどの攻撃的な態度をとったりするでしょう。「悲しみ」という仮面を選んだ時は、涙を流してお酒を飲むという態度をとったりします。このように、様々な「仮面」を状況に応じて無意識に選択しているのです。

そう、無意識に……。

色々な「仮面」も自分の一部ですし、「仮面」を選んでいるのも自分自身です。いつもイライラして怒っている自分が「本当の自分」ならば、寝ている時も自分は怒っているのでしょうか？

そうではないと思います。寝ている時は、「怒りの仮面」を都合よく脱いでいるのだと思います。ある時、ふと受けてみたヨーガレッスンでスッキリして「怒りの仮面」を使ってないことに気づきます。「そういえば……、小さい頃はこんなに怒りっぽくなかったかも……」「仮面をかぶっている自分は本当の自分ではなかったのかも？」と、第3の知恵が働き、問いかけが始まるのです。

第3の知恵によって、未来の苦は避けることができる。

『ヨーガ・スートラ』2章16節（一部より抜粋）

スピリチュアルな道のりの第一歩は、いつでも自分への問いかけからはじまります。

「本当の自分」の居場所

「怒りの仮面」をかぶって振る舞う自分が、周りに対して自分の思い通りに従わせやすいという、この気軽さにいつの間にか依存してしまう場合があります。

このように説明すると、「そんな仮面は捨ててしまいたい！」と思うかもしれません。確かにクリヤーヨーガのプラクティスは、浄化によって「毒」を捨て去ろうとします。しかし、この「仮面」はいつまでも自分の一部であって捨て去ることなどできません。

身体が痒い時にその箇所を掻こうとして、「爪」が肌を傷つけてしまうからという理由でいちいち切ったりすることはないと思います。「爪」も身体の一部ですから。逆に、「爪」こそが自分の身体のすべてだと思うこともまずありません。身体の一部であることが一目瞭然ですからね。しかし、マインドに関する話は別なのです。

マインドマップを手にしていないので、この「仮面」こそが自分なのだと勘違いして、ほとんどの人々は生きています。

この「勘違い」のことを、ヨーガの世界では「苦しみ」とよんでいます。

人と人が生きていく中で、辛さや、惨めさ、虚しさなどを引き起こす原因が、まさにこの「苦しみ」である勘違い、すなわち前章で登場した「空回りの知恵」なのです。

苦しみが強ければ強いほど「仮面」を自分自身だと思いはじめていきますし、新しい「仮面」、また新しい「仮面」と、何度もすり替えていきます。

「本当ではない自分」の説明をはじめると本が数冊かけてしまうほど膨大なものなのですが、ここではこれくらいにします。マインド（マナス）の働きにより、「本当ではない自分」を自分だと思ってしまうことがあることだけは知っていただきたいです。

そして、この「仮面」を取ったり、壊して無くしたり、隠したりしても、「本当の自分」は絶対に見つからないということも。

その理由は、この場所にはないからです。

この場所とは異なるところに「本当の自分」がいることを知ること。または、知るためのきっかけを得ることこそが、「本当でない自分」を自分だと思わない「秘訣」だったりします。

この「秘訣」がすなわち、「イーシュヴァラ・プラニダーナ」のプラクティスです。

この時点では、「本当の自分」はどこにあるのでしょう?

「その説明は終わってないのでは?」と、思われる方もいるかもしれません。実は、その場所の説明はもう既に終わっているのです。その場所とは、「本当ではない自分」が存在する場所ではないところにある、というだけです。

あえて、架空の場所としてマインドマップの一番奥に「本当の自分」の場所は用意されているのですが、特に具体的に「ここ!」というわけではないのです。

「本当ではない自分」を本当だと思ってしまうことが、3章で登場したような様々な不調を引き起こすそもそもの原因です。さらに、それは人生における「苦しみ」「障害」となっているので、「本当ではない自分」がある場所ではない「場所(本当の自分)」は、「苦しみ」という不幸のない場所であると言うことができます。

その意味において、そこは「絶対的な幸福」がある場所なのです。絶対的な幸福というものは、「普遍的なもの」で、長く変わることのないものです。

この「場所(本当の自分)」にある普遍的な要素とは、まさに「ユニヴァーサル・サウンド(OM)」です。

ユニヴァーサル・サウンド(OM)である「イーシュヴァラ」を意識して受け入れていくプラニダーナの練習方法が、この場所へと繋がる「秘訣(SECRET)」であるのはそういうことなのです。

クリヤーヨーガのすべての練習がここに揃いました。

このように順番に説明をしてくると、最後に説明した「イーシュヴァラ・プラニダーナ」が最も価値のある練習であると思われてしまいます。そして、一番価値のあるものだけをしようと思ってしまうのも当然かもしれません。

本書ではわかりやすさを考慮し、タパス、スヴァディヤーヤ、イーシュヴァラ・プラニダーナと説明してきましたが、それぞれが等しく重要な要素であるということは決して忘れてはいけません。

ハタヨーガでは「アーサナ」の練習は土台となるもので、身体の健全さを保つためにいつまでも続けていくものです。

ハタヨーガを始めるにあたり、アーサナの練習を通じて「まずは、クリヤーヨーガから始めましょう！」というのが本書の提案でした。

辛かったり痛いことをするのが練習だという「空回りの知恵」、他の人と同じように柔軟性がないといけないという「空回りの知恵」、練習は楽なものでたまにすればよいという「空回りの知恵」、何も感じないで心を無にするのが練習だという「空回りの知恵」、などなど、勘違いがたくさんあります。

まずはアーサナの練習をクリヤーヨーガ（タパス、スヴァディヤーヤ、イーシュヴァラ・プラニダーナ）の要素と共に深めていき、第3の知恵を輝かしていきます。

この過程は、アーサナを、呼吸を扱うプラーナヤーマや、メディテーションの要素でもって練習していくということなのです。

ハタヨーガが深まるにつれ「本当の自分に気づく練習」である「サマーディ（samādhi）」の、様々な段階へと練習は続きます。

このような経験ができることこそが人類に与えられた最大のギフトなのかもしれません。

第9章　イーシュヴァラの旅（プラクティス）

長きに渡って皆さんと歩んできた、
『ヨーガ・スートラ』を読み解く旅も
いよいよ最終章を迎えました。

最後は、私が実際に行った巡礼の旅
「タミル・テンプル・ヤトラ」の道程を
辿りながら、追体験していただきます。

そして、その際に体験した特別な儀式を
紹介することで、前章の核でもあった
「プラニダーナ」についてのイメージを
膨らませてもらいたいと思います。

ヨーガの練習をより深いものへする。
道を進むための光を見つけましょう。

「タミル・テンプル・ヤトラ」の巡礼

前章では、お伊勢参りの話を紹介しました。江戸時代に流行した伊勢神宮への巡礼の旅です。四国には、インドからの様々な儀式を日本に持ち帰った空海（弘法大師）にゆかりのある88ヶ所を巡礼する、お遍路さんという旅もあります。

これらの旅路は、インドでは「ヤトラ（ＹＡＴＲＡ）」と呼ばれています。

前章でも少し触れましたが、２０１２年にヨーガの練習をしながら、各地の町の寺院を周り、その土地のスワミジー（僧侶）たちによる談話やチャンティング、賢者との様々な儀式や交流を楽しむヤトラに参加しました。

インド東部の港町チェンナイからスタートし、インド南部の聖地マドゥライまで約２週間の旅を、合計47名の人々が４台のバンに乗り込み、ともに移動していくという旅でした。

その昔、シヴァナンダというヨーガの流派に属していてインドのアシュラム（ヨーガの施設）に長く住んでスワミ・ヴィシュヌデヴァナンダさんの秘書をして活動していたロバートさんが、長年の繋がりと尽力によって企画し、実現にこぎ着けました。

この年の「タミル・テンプル・ヤトラ」の目的は、南インドのタミル・ナードゥ州にある神聖な寺院を可能な限り訪れ、そこで行われる神々への祭礼に参加することでした。ヤトラという巡礼の旅は、通常の観光旅行ではなく、前章で詳しく紹介した「イーシュヴァラ・プラニダーナ」の1つの実践例です。

我々がこの旅で巡った街を列挙すると次のようになります。

チェンナイ→ティルヴァンナ→マライ→チダンバラム→パーンディッチェーリ→オーロヴィル→タンジャヴル→シュリランガム→ラメシュヴァラム→マドゥライ

せっかくなので、この時の旅のプランを紹介しておきます（今後計画されている方の参考になれば！）。

2012年に実施した「タミル・テンプル・ヤトラ」のコース

1月3日（火）　チェンナイ

1月3日夜までにチェンナイ集合。ホテルにチェックインしてすぐに就寝。

1月4日（水）　チェンナイ

今回のヤトラメンバーとの顔合わせとミーティング。ヤトラの旅程、日々のスケジュール、現地の習慣などについての説明がなされます。その後、寺院訪問時に着用が必要な南インドの伝統的な衣装を購入しに行きました。

1月5日（木）　ティルヴァンナーマライ

移動距離 185km　所要時間 3時間

この日は早朝にプラクティス。素晴らしい経験に満ちた旅とその安全をガネーシャ神に祈るために寺院を訪問。美しい南インドの田園と太古の岩山の中をバスで向かいます。

1月6日（金）　ティルヴァンナーマライ

アルナーチャラ山の麓にある、火の元素としてのシヴァ神を祀る壮大な「アルナーチャレスヴァラ寺院」を訪問。山を登って、かつてラーマーナ・マハリシがいたアシュラムを訪れました。

1月7日（土）　オーロヴィル／パーンディッチェーリ

移動距離 170km　所要時間 3.5時間

早朝プラクティスの後、海岸線へと南下。シュリ・オーロビンド・アシュラムのあるパーンディッチェーリ連合区（旧表記ポンディシェリ）へと向かいます。

1月8日（日）　オーロヴィル／パーンディッチェーリ

プラクティスを集中的に行う日。プラクティス後は海岸や手工芸品のショッピングなどでリラックスした時間を過ごします。

1月9日（月）　チダンバラム

移動距離 66km　所要時間 1時間

早朝プラクティス後、バスでチダンバラムへ。宇宙の舞踏神ナタラジャとしてのシヴァ神を祀るユニークな寺院を訪れます。

1月10日（火）　チダンバラム

空の元素としてのシヴァ神を太古から祀るディクシタール・ブラフミンのコミュニティを訪れ、彼らのガイドで寺院での儀礼に参加します。

1月11日（水）　タンジャヴル＆シュリランガム

移動距離 147km　所要時間 3時間

この日からさらに内陸へと向かいます。奇跡的な建築物ブリハデーシュヴァラ寺院を訪れた後、ティルチラッパリにて宿泊。

1月12日（木）　シュリランガム

190エーカーもの広大な敷地の中に21のゴプラム（門塔）や数え切れないほどの社を有するランガナタスワミ寺院、そしてその近隣にある水の元素としてのシヴァ神を祀るジャムブケシュヴァラム寺院を訪れます。

1月13日（金）　カライククディ＆ラメシュワラム

移動距離 234km　所要時間 5時間

このヤトラにおいて最長の移動距離を費やし、次なる場所へと旅立ちます。途中、インドの地方料理の中でも有名な都市チェッティナドでランチをとり、夕方頃にインド南部の離島であるラメシュヴァラム島へ到着します。

1月14日（土）　ラメシュワラム

インドに12もあるジョティ・リンガム（シヴァ神の力により自然に出来たと言われるリンガ）の一つ、ラマナタスワミ寺院を訪問。日の出の海で身体を清め、砂浜で砂のリンガを礼拝、その後寺院内の22個の井戸の水を浴びながら、徐々に最奥へと進みシヴァ神と出会うのが、この寺院での伝統的な参拝の仕方です。

1月15日（日）　マドゥライ

移動距離 170km　所要時間 3.5時間

ラメシュワラム島から本土へ戻り、女神ミーナクシーで有名なマドゥライの寺院街へ向かいます。寺院には夕方参拝、その後宿泊。

1月16日（月）　マドゥライ

プラクティス後は、寺院散策やそれを取り囲むバザールでこの旅最後のショッピングなどをして過ごします。夕方はさよならパーティーで南インドのごちそうをいただきます。

1月17日（火）　マドゥライ〜チェンナイ

旅の出発地点であるチェンナイへのフライトで15日間に渡った「タミル・テンプル・ヤトラ」は終了しました。それぞれ帰国の途につくか、旅の続きへと向かいます。

ナタラージャ寺院の祭典

私は、「あるヨギの独り言」というブログで、これまで経験してきた様々なヨーガの旅などを紹介しています。その中から、チダンバラムのナタラージャ寺院へ行った時のことを抜粋して紹介したいと思います。

水晶のリンガ、ナタラージャ像、そしてナタラージャの片足が降りているというスペース（アカシャ：空間）を中心に持つナタラージャ寺院が、チダンバラムの見所となります。

我々は運良く山車が出回るフェスティバルの時期に居合わすことができました。寺院に住まう5大神が、山車に乗って寺院から飛び出し、町を徘徊するという内容のフェスティバルです。

南アジアに位置するインドで伝統的に行われている行事が、東アジアの日本でも伝統的に行われている様子を見て、度肝を抜かれてしまいました！

実は、この前年に京都の祇園祭で山鉾巡業を見たばかりだったこともあり、特にびっくりしたのです。祭りの起源はここインドにあったのでしょうか？

日本の祭りでよく見かける、大勢の人たちがフランクフルトやタコ焼きを出店で買っているように、インドでも大勢の女性たちが寺院を囲む道にずらっと並ぶ出店で髪飾りや日用雑貨を買うために群がっていました。

印象的だったのは子供たちの姿でした。

神々との交流に喜んだり、願い事をしたりするのは主に大人で、そんな大人に付き合わされる子供は、その交換条件におもちゃをねだります。子供たちは喜んでおもちゃ遊びに興じながらも、しっかりと冷静な目で大人たちを観察し、身をもって感じているのでした。大人のしていることが、いかに大事で真剣なことなのかを肌で感じているようでもありました。

5台の山車の中心にあり、1番大きい山車が目につきます。ここには、ナタラージャ神（ナタは「踊る」、ラージャは「王」でダンシングシヴァとも言われる）がいます。

神々は、普段寺院の中に住んでいるけれど、その神社から外の町に神々を連れ出すことをフェスティバルと呼んでいるようです。

私自身が子供の頃に、夏近くになると近所で神輿をかつぐお祭りがありました。普段は家で食べることができなかったお菓子がもらえるから喜んで参加していたけれど、読んで字のごとく、「神輿」とは神の乗り物のことなのです。

この祭りは、近所の神社が主催していたのでしょうか？

自分が幼少時に、そこに込められた意味を理解せずに祭りや初詣に参加していたことをとても残念に感じました。日本でもインドでも、神々を山車に乗せて街にお披露目する行事がずっとあることとすら知らなかったのです。

そんな昔の記憶を思い出しながら、山車の運び人に加わりたいと思いました。間近で見てみると、山車自体を押す役割の人と山車に繋げられた太い綱を引く人がいることがわかりました。

激しい音楽とともに老若男女が入り混じって一心不乱に綱を引きました。そこから少しの距離を移動すると、その辺りの出店の人たちが果物や花などのお供物を山車のナタラージャ神に捧げていました。

山車の上に乗っている子供たちも下を見下ろしながら、「写真は駄目だよ！」と観光客に伝えています。

自分も子供たちに、「これは見世物じゃないよ！」「神様が乗っているんだよ！」「写真を撮るなんて駄目だよ！」と、本気で怒られたのです。この真剣さ具合がなんと心地良かったことか……。

インドでは子供の頃から、神々へのプラニダーナ（感謝や祈り）の習慣が当たり前のようにあるということがわかりました。

特別な儀式（プージャ）を体験

日本にも数々の素晴らしい行事や風習が残っており、それらの多くは、我々にふりかかる邪気（毒）を祓いおとす（浄化する）プラクティスです。

何に感謝して祈りを捧げる（プラニダーナ）のかをはっきりさせ、娯楽としてではなく浄化としてしっかりと行うことが、我々の尊厳と自立を取り戻すことになるのだろうと感じました。

過去の歴史を学び、本質としっかり向き合うことで我々にぴったりの「イーシュヴァラ・プラニダーナ」のプラクティスがあるはずなのです。

そんなことを考えながら……。10日間続いた山車の祭りが終わり、静けさを取り戻しつつある11日目の早朝、我々は寺院の前に集まっていました。時刻はまだ日も登っていない朝の５時……。

我々は司祭が来るのを待っていました。すると、今まで他の寺院などで見た司祭とは違ったヘアスタイルのインド人が姿を現します。

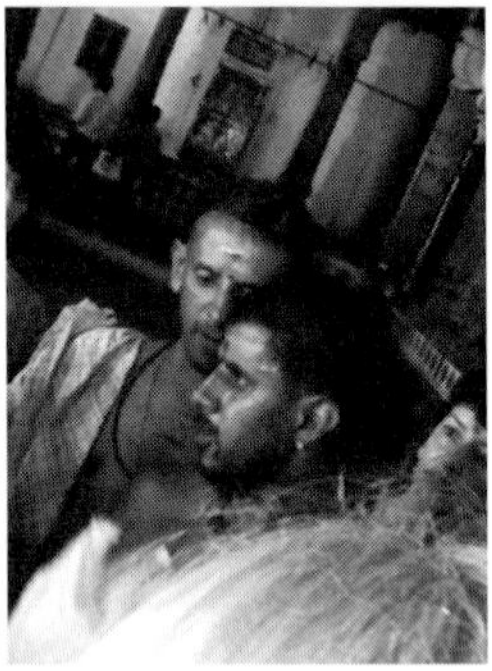

彼らはナタラージャ寺院専属の司祭たちで、300人ほどいて色々な儀式を毎日しているのだといいます。

寺院も古く、修繕費や、生活費などで運営が大変だという説明を受けました。朝一番の儀式に我々は参加させてもらえることになり、さらに特別な儀式（プージャ）もしてもらえることになりました。

神の名であるナタラージャは、踊るシヴァ神の１つの姿で、シヴァを表すのは御神体と呼ばれるリンガ（男根）で、特にこのナタラージャ寺院ではクリスタルでできたもの（写真はイメージです）を祀っています。

最初はシヴァの妻であるパールヴァティ神の祀られている所からの儀式「プージャ（お詣り・お祈り）」で幕を開けました。妻のもとにいるとされるシヴァを表すシヴァ・リンガを、中心である本堂に戻すことから朝の儀式は始まるのです。

〝シャン、シャン、シャーン〟と激しく鐘音や楽器の音がするとともに、金の箱が運ばれていきます。実は、この中にはクリスタルのリンガが入っているのです。シヴァ神が本堂に運ばれ、箱から丁寧に出されている間、我々は外でじっと待っています。

まだ夜明け前なのに、外には朝一番のプージャを待つ人々がすでに大勢います。インドの寺院はそれぞれ異なるようでいて、共通したスタイルを持っていることに気づきました。

本堂があり、その中に主となる神がおられ、その本堂の前には必ず動物の像がいるのです。その神が乗って運ばれる動物が、それぞれの神で決まっています。

このナタラージャ寺院では、ナタラージャはシヴァ神の1つの姿であることから、ナンディという名の牛の像がヒザを折って座って待っていました。

ガネーシャの騎獣はネズミのムシカ、ヴィシュヌ神は鳥のガルーダ。その動物たちは、神を運ぶという行為から、神のエネルギーを地上へと召喚する。すなわち変化させるという意味あいを持つとされ、お祈りに来た人々はナンディ像に触り、神の力をナンディを通じて得ようとしているのです。

この寺院はとても面白い構造をしていて、ナタラージャ神の前のナンディ辺りで左を見るとヴィシュヌ神の建物が見え、インド3大神のうちの2つを同時に見ることができるのでした（これはとても珍しいことなのです！）。

パタンジャリ師像との遭遇

色々なことを考えて待っていると、段々と空が明るくなってきて、自分がひとつながりの大きな建物の中にいると思いきや、別れた建物の下にいることがわかってきました。なにせ明かりといえば、所々にある小さな火ぐらいだったのです。

次の儀式の準備ができたようで、横から本堂に入らせてもらうことになりました。北インドでは自分が直接捧げ物をしたりするらしいですが、南インドでは厳格なので、すべて司祭が取り仕切ります。

火の煙を浴びたり、額に灰をつけたりして、儀式の後には金銀に飾られたナタラージャ神に祈りを捧げます。

そのナタラージャ神の隣には扉があり、その向こうに壁があり、さらにその向こう側がチナンバランの中心と呼ばれる秘密の場所なのだそうです。

南インド地方では、巨大なナタラージャ神の片足が降り立つのがまさにその秘密の場所とされ、その壁を見ても何も見えないけど、そのスペース（アカシャ）にはシヴァ神のエネルギーが存在しているのだと長く、そして今もなお信じられています。

みんなそのスペースが見えるのではないかと、格子状になった隙間から一生懸命に中を覗くのだけど、そんな簡単に中は見せてはくれません。

そういった秘密のスペースがあったり、プージャをしたりして寺院での内容は本当に濃いものでした。その中でも、自分が特に感動したのが、1つの像でした。

シヴァ神の化身であるナタラージャ神の本堂を中心にして、周りにはそれぞれ異なる神が祀られているのですが、その1つの神に蛇が後ろにいる人物の像があったのです。

なんと、それが経典『ヨーガ・スートラ』を世に送りだしたパタンジャリ師だとのこと！

像があるのを見て初めて、パタンジャリ師を身近に感じることができた気がしたのです。いつも「パタンジャリ師の『ヨーガ・スートラ』が〜」と口うるさくクラスで言っている割に、パタンジャリ師を祀っている寺院にこの時初めて訪れたのです！

偶像の力は確かに凄いもの。この地元にはこんな話があるそうです。

このナタラージャ寺院にいる専属の司祭たちは、他の寺院の司祭と比べて変わった髪型をしているのですが、彼らはパタンジャリ師が千年以上前に連れてきた司祭たちなのだそうです。

はるか昔、パタンジャリ師が北からやって来て瞑想をしたところ、地面が盛り上がり、シヴァを表すリンガが現れたそうです。その後、パタンジャリ師が連れて来た司祭たちがこの地でそのリンガを祀るようになったのが始まりだと言ってました。

どこまで本当かはわかりませんが、司祭たちの髪型は確かに変

わっているし、パタンジャリ師の話が登場したのは本当に嬉しかったです。

水の「ホーマ」と火の「アビシェイカム」

話を儀式に戻します。本堂でのプージャが終わり、隣で本日のメインイベントが始まりました。そのイベントの名前は「ホーマ」と言います。

中国に渡って学んだ空海（弘法大師）によって、5世紀に日本へと伝えられたものと同じです。ホーマの中国語は、語感の宛て字である「護摩」。すなわち、日本では「護摩行（ごまぎょう）」と呼ばれるものです。

私が知ったのは、手塚治虫の作品『ブッダ』の作中でした。ブッダのいた紀元前5世紀（2500年前）よりも前には、火を神として祀るのがインドの主流の祭り事だったのです。

そのホーマの儀式を、この日は特別にしてくれると言うのです。300人いる司祭たちも寺院の維持が大変みたいで、有料で特別に火の儀式をしているみたいです。

4本の柱の中心には四角い火を燃やす台が置かれ、柱の外側には葉っぱがぶら下がった紐が張られています。

「これが日本の神道であれば、紙垂（白い四角い紙が連なったもの）なんだろうな」と思いながら、火を燃やす台を囲むように座らせてもらいました。

司祭たちはマントラをチャンティングし続けています。

右手を握りしめ、手を広げた左手の上に置き、それを膝の上に固定します。握りこぶしに願いを込めながら、司祭と一緒にチャンティングするのです。

代表的なプージャには2種類あるようです。火を使って行うものが「ホーマ」で、水を使って行うものが「アビシェイカム」です。火のプージャは手間がかかるため、こういう特別な時にだけ行うそうです。

ずっとチャンティングが響く中、お供物の食べ物や、木材がどんどん燃やされていきます。それらが最後は煙となり、プージャは終わっていきました。

しかし、まだ全体のプージャは終了ではありません。火の儀式はオプションなので、これから本来の水の儀式である「アビシェイカム」が始まります。

早朝に運ばれていた金の箱が開けられ、何重にも覆われた装飾品が外されていき、最後に登場するのがクリスタルのリンガでした。

瓶に酌まれた水やココナッツミルクや花など色々用意されていき、クリスタルのリンガの上から聖水をかけていきます。

こぼれ落ちた聖水は専用の水路を伝って本堂から外に流れ出ていきます。熱心な参拝者はこぼれ落ちていく聖水やココナッツミルクを飲んだりしていました。私は流石に飲めませんでしたが……。

何よりも凄いことが、この水で清める儀式「アビシェイカム」は、1日6回も行われているとのこと！　なんと敬虔なことでしょう！

自分がヤトラの旅というイーシュヴァラ・プラニダーナのプラクティスで学んだことは、こういった敬虔な人々の生きる姿勢を間近で見れたことです。

南インドのヒンドゥー教徒の人々ではなくとも、真剣に何かに確信を持って生きている人々の持つ雰囲気を近くで感じて、そこに聖なる響き（ユニヴァーサル・サウンド）を見つけることに意味があるのだと気づくことができました。

我々の周りにも職人の方々や専門家という人々がいます。専門家でなくとも、たとえ趣味であっても真剣に何かと向き合っている姿勢には聖なる響きがあるのです。

ヨーガを伝える講師の方々の真剣なプラクティスと向き合う姿勢を身近に感じることや、真剣にプラクティスと向き合う練習生とマットを並べて、その練習への姿勢を感じることもイーシュヴァラ・プラニダーナの練習というわけです。

そのひたむきな姿勢の中に内在する聖なる響きを、自分の普段の行為の中に感じることができたら、豊かな素晴らしい生活がそこにあるということなのです！

クリヤーヨーガのための「アーサナ」

ここまでクリヤーヨーガの練習のために登場した「アーサナ」を、最後にまとめてみます。

「タパス的なアーサナ練習」
・筋力をつけるための練習
・体力をつけるための練習
・内臓に刺激する練習

・呼吸を深めるための練習
・情熱でもって継続するための努力

「スヴァディヤーヤ的なアーサナ練習」
・腕、脚、胴体などの身体のナディ（プラーナの通り道）を探求して感じる練習
・言葉の意味を正しく理解する練習
・Ａの音、Ｕの音、Ｍの音（ＯＭの音）を身近で感じていく練習
・アーサナのサンスクリット語名を学ぶ

「イーシュヴァラ・プラニダーナ的なアーサナ練習」
・アーサナの名前の持つ意味の響きをを感じる練習
・自分にとって感謝するべき対象に見返りを求めず、感謝・祈りを捧げるような時間を作って練習する
・自分の身体を神聖な場所（神宮のような場所）として扱ってアーサナをする
・隣のマットで練習をする人を通じて起こる感動などの響きを大事にする
・周りの練習をする人々の中にも神聖な部分を見つけて繋がりを感じる

「アーサナ」の練習は、特に明確な目的がなく、漠然と「ポーズの練習」がされてしまってい
る現状があります。なぜ明確な目的がないかというと、ポーズをすること自体が目的になって
しまっているからです。

ある人には筋力を強くするための「アーサナ」の練習があったり、また別の人には身体の感
覚への意識を高めるための「アーサナ」の練習があったりするのです。

ここで列挙した「アーサナ」のまとめは、どのようなヨーガの練習が自分に必要かを見つけ
る手助けになると思い分類しました。「アーサナ」の練習という意味は、身体を実際に使って練
習するという、まさに誰でも始めることができるものです。

部分的でもよいし、それまでの練習に新しい練習の要素をプラスして、同時に行っても良い
でしょう。もちろん、ここに登場していない練習方法は山ほどあります。

ハタヨーガの実践は、肉体的、精神的、そして霊的に影響するものです。

それぞれ（肉体・マインド・魂）の場所はどのようなところなのかを知る必要があり、そのためにもマインドマップという地図で3つのエリアにまつわる特徴を紹介してきました。

3つのエリアとは、絶えず変化している2層（肉体的・精神的）のエリアと、変化しない普遍的な1層（霊的）のエリアに分けられます。それぞれのエリアにはその構造から独特な特徴があるので、それに合わせて効果があるように、様々な技法（メソッド）が用意されてきたのです。

3つの層の構造を知った上で、どの練習方法がどのエリアに作用するのか、どのような目的（目標）で技法（メソッド）を使うのか、それをはっきりとさせていくことがヨーガの実践をより効果的にしてくれます。

ハタ照らすヨーガ

「毒」を減らす3つの技法こそが、ハタヨーガを最初にする人向けのクリヤーヨーガであるということでした。

我々の周りを見渡すと、エネルギッシュなものからどんよりと盛り上がっていないものまであるように、プラーナには3種類の状態（グナ）があり、グナの影響から肉体層と精神層は絶えず「毒」が増えたり、減ったり変化しています。

「毒」という刺激が多いほど、絶えず変化している肉体・精神を、「自分自身」だと勘違い（空回りの知恵）してしまうことこそ最大の苦しみの原因でした。

その原因が3章P.85で紹介したような、身体の様々な不調を作り出します。

どのような技法を組みわせてヨーガの練習をしていくのか？

いくつかの技法を巧みに組み合わせることで、ヨーガの練習はより深いものへ、すなわち効果的なものとなるはずです。

自分を知り、自分の足りない部分を正しく補うことが、練習を間違った方向から正しい道へと導いてくれるのです。

ヨーガの指導者がどのような技法（メソッド）を選ぶかはその人の自由ですが、生徒さんの練習が間違った方向へと進んだ時に正しい道へと導く者であってほしいと思います。

その意味で、この本はヨーガの練習技法（メソッド）を具体的に紹介するものではありません。むしろ正しい練習とは何かを理解するためにあるものです。

あなたが行うハタヨーガの練習と進んでいく道の先に、光が照らされることを切に願います。

本書が、溢れんばかりの情報が行き交う、忙しいこの現代に自分の豊かな居場所を見つけるハタ照らす本であらんことを！

ヨーガの指導者に捧げる想い

数々の先生たちが集まり、ヨーガの指導をするフェスティバルに指導者として参加すると、私はいつも主催者などの関係者や、時には参加者から「ユニークな先生」と呼ばれることが多かったことを思いだします。

それには、2つの理由があるのだと思ってます。

1つ目の理由は、『私』の個性がプンプンする『ヨーガ』のクラスを伝えていないから。練習に参加した生徒さんよりも、ヨーガを伝える『先生』の方がいつのまにか主役になっている気がします。自分が『練習』するより、有名な先生に会ったり一緒に記念写真を撮ったりすることを目的にする生徒さんを見ると、とても残念に思います。

『ヨーガ・スートラ』4章15節の意味にあるように、10人の生徒さんがいたら10人分の異なる技法（メソッド）や理解の仕方がプラクティスにはあるのです。同じ人でも毎日、毎回、そのたびに異なる練習方法や異なる理解・感覚がそこにあるべきだと思います。

先生の個性やタレント性よりも、生徒さんの「個性」を大事にしたい。

その願いが人一倍強いのか、ヨーガを指導する時はいつも自分のためのマットは敷きません。練習するために必要なマットは、生徒さんのためにあるからです。目の前にいる生徒さんたちに素晴らしいプラクティスをしていただくことに、ただひたすら努力して専心します。

マットを敷いて生徒さんと一緒に練習をするような指導方法ではないので、ユニークにみられるのかも知れません。

ユニークと呼ばれる2つ目の理由に『言葉遣い』があると思ってます。

これは1つ目の理由とも共通するのですが、自分の権威や人気を保つために難しい言葉や専門用語をあえて連発する先生もいます。難しい専門用語を聞いて、いかにもヨーガ的な雰囲気があるクラスをしても、その内容を生徒さんは理解できているのでしょうか？

スピリチュアルな雰囲気の中で練習気分を味わうことがクラスの目的になると、練習の効果は残念ながら失われます。スピリチュアルな雰囲気は自分の練習を高めてはくれないのです。その意味で、難しくて理解しづらい内容や練習を聞きながら練習するのではなく、簡単で普段の生活で聞いたことのある「言葉」でなるべく理解してもらいながら練習をしてもらうことに全力を注いできました。

こうやって書くと当たり前なのですが、『先生を主役』にすることなく『生徒を主役』にすること。そして、クラスの中で普通の会話をしているようで、その会話の中に数々の『ヨーガ』の真髄や真のプラクティスのエッセンスが「言葉」で入っているということを最重要課題としてきました。

自分自身がやってきたことをシンプルに表現すれば、『言葉を大事にすること』です。

このように言うと、「自分も言葉を大事にしています！」と、全国のヨーガインストラクターの皆さまに叱られてしまいそうですが、言葉を大事にすることとは「その言葉の意味を明確に定義する」ということです。多くのヨーガの先生は、ヨーガに関連するサンスクリット語などの専門用語を知っているにも関わらず、自分のクラスではほとんど言葉にして使っていないと思います。

それは、それぞれの言葉の定義が自分の中で曖昧だからではないでしょうか？ そういった背景の中で、10年以上に渡って毎日毎日クラスの中で生徒さんに「言葉」にしてきたエッセンスが、こうやって「文字」になり文章になり、一冊にまとめられたのが本書なのです。

毎週毎週、あの言い方……、この言い方……、あの伝え方……、この伝え方……と、創意工夫を繰り返しながら、毎度毎度生徒さんたちのリアクションを観察しながら、一緒に「言葉」にしてきたものを、文字から文章へと変えていきました。その意味では、自分にとっては「生徒さんたち」こそ、自分を育ててくれてきた『先生』なのです。

『先生』と言えば、この本を書くきっかけとなった自分の師を最後に紹介します。ハワイのマウイ島からいつも応援していただいているナンシー・ギルコフ先生です。

アシュタンガ・ヴィンヤーサヨーガを創りあげたパッタビ・ジョイス師を欧米に紹介し、今もパワフルに指導を続けている現役のヨーガの先生です。

ハワイから日本に帰国して、アシュタンガ・ヴィンヤーサヨーガを指導しはじめの頃は、日本式のアシュタンガ・ヨーガとは少しスタイルが違っていたり、ハタヨーガの捉え方が異なることから、ヨーガの指導に難しさを感じていた時期がありました。

そんな時、ナンシー先生が「Ｙｏｓｈｉ、あなたは無理にアシュタンガ・ヨーガを教える必要はないですよ。プレ・アシュタンガ・ヨーガを教えるつもりで、アシュタンガ・ヨーガの練習ができる人々を育てればいいいんじゃない？」という言葉をいただいたことが、今の自分の始まりだと思っています。

本書で紹介していることは、ヨーガの練習のほんの１％に過ぎません。

ヨーガというプラクティスを考えた時に、セオリーは５％ほどに過ぎないのです。そのセオリーの中でも、この本で紹介しているのはさらに１／５（１％）ぐらいでしょう。ヨーガにおいて大事な部分（95％）は、その実践にあります。その95％の実践をどのようにしていくか？　その技や技術について話し始めたら内容は無限です。

学びにおいて有名な例え話があります。料理が上手くなるにはレシピ（セオリー）が大事です。しかし、何度も何度もレシピを眺めても料理は美味しくなりません。実際にそれをもとに作ること（実践）をしないと料理は美味しくはならないのです。ヨーガの実践もそれと同じということです。

あなたには、あなたに合ったプラクティスがあります。あなたに合った練習の技術が使えるはずです。テクノロジーがどれだけ進んでも、アナログで伝わっていくものです。先生から生徒へと伝わった技術により、生徒はいつしか先生となります。そして、その技術はまた次の生徒へと繋がっていくのです。

私は本の中ではなく、いつも、練習する場所（ヨーガスタジオ）にいます。

いつか、あなたにお会いできる日を楽しみにしてます！

２０１９年４月20日

My SOUL8 Yoga School のスタジオにて　あるヨギ Ｙｏｓｈｉ

Special Thanks To...

私をヨーガ指導者として導いてくださった師や、
ともに高みを目指す同志の皆さんを紹介します。
彼らとの出会いは、私のヨーガ人生にとっても
大きな意味を持つものとなっています。
ヨーガの同志たちに深い感謝を捧げます。

NANCY GILGOFF(ナンシー・ギルゴフ)師

南インドのmysoreにて シュリ K・パッタビ・ジョイスの元で1970年代に練習を初めてから後にハワイのマウイ島を拠点にアシュタンガ・ヴィンヤーサヨーガを指導しながら今も世界中でワークショップをして活躍中です。自分がヨーガを指導をする決心はナンシー先生の言葉によります。2008年にMySOUL8でのワークショップを初開催してから、これまでに何度も名古屋に足を運んでいただいて、まさにスタジオの柱となる存在だと思っています。

HOUSE OF YOGA AND ZEN　http://www.ashtangamaui.com

chama先生

東京を拠点にヨーガを指導しています。MySOUL8開校以来ずっと継続的に指導に来ていただいてます。身体の機能解剖学の知識において精通しています。身体との向き合い方から始める「アジャストメント講座」は素晴らしい内容で多くを学ばせていただきました。chama先生の学び続けるその姿勢に、自分を含め多くの方が影響を受けています。

TOKYO-YOGA　https://www.tokyo-yoga.com
ゲイトエイト(GATE8)　https://gate8.jp

伊藤雅之先生

愛知学院大学文学部英語英米文化学科の教授(宗教社会学)でありながら、『ヨーガ・スートラ』や『バガヴァッド・ギータ』などのヨーガ哲学の分かりやすい講座をMySOUL8にて開催していただいています。著書に『現代社会とスピリチュアリティ』(渓水社、2003年)があります。訳書の『現代人のためのヨーガ・スートラ』(グレゴール・メーレ)は多くのヨーガ講師のバイブルとなっています。

日本マインドフルネス普及協会　https://www.mindfulness-fukyu.net

タリック先生（Tarik Thami）

Mysore Tokyoを主催し、現在はフィリピンのシャルガオ島にアシュタンガ・ヴィンヤーサヨーガのセンターを設立して、こちらでも指導しています。南インドのマイソールに練習しに行くことになったのは、タリック先生から誘われたのがきっかけです。アシュタンガ・ヴィンヤーサヨーガの現在のディレクターであるシャラート・ジョイス師の来日のオーガナイズをしています。

MysoreTokyo　http://tarik.com　http://tarik.com/siargao/

山下良道先生（スダンマチャーラ比丘）

鎌倉一法庵住職。大乗仏教とテーラワーダを統合したワンタルマ仏教僧として、鎌倉を拠点に瞑想指導をして活動しています。MySOUL8では瞑想会を毎年何回も開催していただいてます。瞑想をするにあたっておこる問題や難しさ、マインドとの向き合い方の説明の分かりやすさにおいて右に出る人はいないと思います。

鎌倉一法庵　http://www.onedhamma.com

グレゴール・メーレ先生

初めて南インドのマイソールに行った時に、ラクシュミプラムにあるthree sistersというレストランで見つけたのがグレゴール・メーレ先生の本でした。すぐにインドで購入してからは、自分のバイブルとなっています。今では日本語訳で『アシュタンガ・ヨーガ実践と探究』『現代人のためのヨーガ・スートラ』が出版されています。これほどヨーガの実践と探求に向き合っている人は世界にはいないと思います。オーストラリアにて8Limbs Yogaを開設しています。

8limbs Yoga　https://www.8limbs.com

Akky先生（森田章義）

MySOUL8 Yoga Schoolにて共にヨーガを指導する仲間であり相談役であります。名古屋で最も熱心なヨーガ実践者です。フリーペーパー『YOGA LIFE』の発行やヨガイベント『YOGA LIFE NAGOYA』を企画制作・運営を一緒にしてきました。

MySOUL8 Yoga School　http://www.mysoul8.com

あるヨギ Yoshi

MySOUL8 Yoga School Founder & Director

名古屋にて生まれる。幼少期より熱心な大乗仏教徒の親族の中で育ち、信仰というものに疑問を持ちながら真実を追求するようになる。バブルと、その崩壊という混沌とした時代の中で感受性豊かな思春期を過ごし、名古屋から東京、そして世界へと拠点を変えていきながら、最後にはハワイで生活を開始する。

ホノルルにある大学院のビジネススクールで学びながら、サーフィン、ジョギング、ゴルフ、トレーニング、琉球カラテ、そしてヨーガに明け暮れて自然と共に過ごしながら、世界の全ての現象が互いに関わるのを数値化していくという金融工学の研究に没頭していく。ファイナンスを専攻し大学院（MBA）を修了したのちに某外資系金融企業で働くことになるものの、急に方向転換をしてフィットネスクラブの運営や子供教育に携わることになる。さらには、ヨーガ教室を2006年に開校し、2013年にはヴィーガンカフェの「LOVE cafe」をオープンして、地元はもちろん世界中を旅しながらヨーガ指導を続ける。この混沌とした世界の中では、ヨーガを学び続け実践を重ねることが自分の中に満ち足りた平和をもたらすための最良の方法だと信じて、それが世界平和の第一歩であると疑わずにヨーガ指導をライフワークとしている。

私たちは、いつもこの場所で皆さんをお待ちしています

MySOUL8 Yoga School

MySOUL8 Yog Schoolでは、存分にヨーガの効果が実感できるための様々なコンテンツが揃っています。ヨーガの楽しさを伝えることを使命とし日々学びを深めている講師陣と、料金を含めた通いやすい環境をご用意しています。入会金・年会費などはありませんので、いつでも気軽に始められるのが特長です。

緑あふれる久屋大通公園が目の前に広がる贅沢なヨーガ空間「久屋大通スタジオ」は、バリ島をコンセプトにした癒し空間です。そして、2017年10月には「栄ミナミスタジオ」もオープンしました。この本を読んでヨーガに興味を持った方はMySOUL8の体験レッスンからお試しください！

ヨーガの練習をより効果的にするために30時間のハタヨーガ・ベーシック講座も開催しています。Yoshi先生をメイン講師として、全米ヨガアライアンス認定のヨーガ講師養成200時間講座（RYT200）も開催しています。

STUDIO DATA

久屋大通スタジオ
住所　〒461-0001 愛知県名古屋市東区泉1-23-37 パシフィックビルディング4F

栄ミナミスタジオ
住所　〒460-0008 愛知県名古屋市中区栄3-23-38 フォトレス2F

TEL　052-972-9642	Mail　mysoul8@hotmail.co.jp
営業時間　月～金7:00～21:00　土日8:00～15:30	

スクールの詳細は右記サイトへ　http://www.mysoul8.com

ハタ照らすヨーガ

初版発行　2019年5月20日

著者　Yoshi

イラスト　紅鮭色子

アートディレクション&デザイン　広瀬 開（FEZ）

デザイン　広瀬 匡（FEZ）

発行者　吉良さおり

発行所　キラジェンヌ株式会社
〒151-0073 東京都渋谷区笹塚3-19-2 青田ビル2F
TEL 03-5371-0041／FAX 03-5371-0051

印刷・製本　モリモト印刷株式会社

ISBN978-4-906913-88-6
C2077